六韬·三略

[汉]黄石公·著
王伶·编译

插圖精譯

陕西新华出版 三秦出版社

图书在版编目（CIP）数据

六韬·三略 /（汉）黄石公著 ；王伶编译. -- 2版
西安 ：三秦出版社，2008.04（2024.1重印）
（国学百部文库）
ISBN 978-7-80628-336-3

Ⅰ. ①六… Ⅱ. ①黄… ②王… Ⅲ. ①兵法－中国－古代②六韬－译文③三略－译文 Ⅳ. ①E892.2

中国版本图书馆CIP数据核字（2008）第036255号

书　　名　六韬·三略
作　　者　[汉] 黄石公 著　王伶 编译
责　　编　靳　疆
封面设计　新华智品

出版发行　三秦出版社
社　　址　西安市雁塔区曲江新区登高路1388号
电　　话　（029）81205236
邮政编码　710061
印　　刷　北京一鑫印务有限责任公司
开　　本　680×1020　1/16
印　　张　9
字　　数　100千字
版　　次　2008年4月第2版
印　　次　2024年1月第2次印刷
标准书号　ISBN 978-7-80628-336-3

定　　价　39.80元
网　　址　http://www.sqcbs.cn

前　言

所谓“六韬”，即指六种秘密的谋略，亦即论述战争问题的六种韬略。全书分文、武、龙、虎、豹、犬六卷共六十篇，以姜太公与周文王、周武王问对的形式，对经国治军的基本方略及指挥战争的具体战略战术进行阐述。其中文韬、武韬两卷主要论述战略问题，龙韬一卷论述将帅问题，虎、豹、犬三卷论述各种条件下的具体作战方法。

《六韬》通过周文王、武王与吕望对话的形式，论述治国、治军和指导战争的理论、原则，是一部具有重要价值的兵书，对后世产生了重大影响，受到历代兵家名将的重视，司马迁《史记·齐太公世家》称：“后世之言兵及周之阴权，皆宗太公为本谋。”北宋神宗元丰年间，《六韬》被列为《武经七书》之一，为武学必读之书。《六韬》在国外也有深远影响，16 世纪传入日本，18 世纪传入欧洲，现今已翻译成日、法、朝、越、英、俄等多种文字。

《三略》是中国古代第一部专讲战略的兵书，以论述政治战略为主，兼及军事战略。该书问世以来，受到历代政治家、兵家和学者的重视。南宋晁公武称其：“论用兵机之妙、严明之决，军可以死易生，国可以存易亡。”该书还先后传入日本和朝鲜，并产生了相当大的影响。

《三略》分上、中、下三篇，内容比较简略，主要阐述的是治国兴邦、统军驭将的政治方略，同时也涉及到一些用兵打仗的具体计谋与方法。其思想体系不局限于一家，而是杂糅各家思想，尤以吸收儒、道两家学说为多。因此《三略》虽以兵书著称，也被视为一部政治谋略著作。

此次出版，我们将《六韬》、《三略》合在一起奉献给读者，一方面是两书有“同源”的说法，另一方面二者在内容上确有相得益彰之处。

编　者

2008 年 8 月

目　录

六　韬

六 韬

文 韬 · 文师第一

【原文】

文王将田[1]，史编布卜曰[2]："田于渭阳[3]，将大得焉。非龙非彨[4]，非虎非罴[5]，兆得公侯[6]，天遗汝师[7]，以之佐昌，施及三王[8]。"

文王曰："兆致是乎？"

史编曰："编之太祖史畴，为禹占[9]，得皋陶[10]，兆比于此[11]。"

文王乃齐三日[12]，乘田车，驾田马，田于渭阳，卒见太公[13]，坐茅以渔。

【注释】

〔1〕文王：即周文王，姬姓，名昌。他广招天下贤士，励精图治，使国力强盛，为其子周武王灭商，建立西周王朝奠定了基础。田：田猎，打猎。

〔2〕史编：史官名，"史"为其官职，"编"为其名。布卜：占卜。

〔3〕渭阳：渭水北岸。古人以水北为阳，水南为阴。

〔4〕彨(chī)：通"螭"，传说中的一种无角龙。

〔5〕罴(pí)：棕熊，俗称人熊。

〔6〕兆：占卜时出现的预示吉凶的征兆。公侯：古时的高等爵位，此指有大才之人。

〔7〕遗(wèi)：赠与。

〔8〕施：施恩，惠及。三王：此指周文王之后周朝的三代君王，即周武王、周成王、周康王。

〔9〕禹：即大禹，因治理洪水有功，继舜之后成为部落联盟的领袖。

〔10〕皋陶：传说中东夷族的首领，偃姓，先后辅佐舜和禹，执掌刑狱，以执法公正著称。

〔11〕比：类似。

〔12〕齐：通"斋"，斋戒。

〔13〕太公：即姜太公，名望，字尚，又名吕子牙(一说尚)、姜子牙、太公望。商末周初人，先后辅佐周文王和周武王，为推翻商朝统治、建立西周王朝立下大功。

商 · 虎首曲内青铜戈　戈是中国特有的一种长柄冷兵器，是青铜兵器最典形的代表，主要用以钩杀敌人，尤为适宜于在战车上进攻时使用。青铜戈最早见于夏代晚期，一直沿用到战国时代。

【译文】

周文王要出去狩猎，太史编为他占卜之后说："您这次到渭水北岸去狩猎，将会有很大的收获。所得到的既不是龙，也不是螭，既不是熊，也不是罴，根据卜兆将会得到一个辅佐您成就大业的公侯之才，上天派他来做您的老师，用来辅佐您，并将惠及您的子孙三代。"

周文王问道："占卜的征兆能有这么好的结果吗？"

太史编说："我的高祖史畴曾经为大禹占卜，卜兆预示会得到贤臣辅佐，后来果真得到了皋陶，当年的卜兆与今天的非常相似。"

周文王于是斋戒三天，然后乘着狩猎专用的田车，驾着狩猎专用的田马，来到渭河北岸一带狩猎，终于遇见姜太公，正坐在河边的茅草丛中钓鱼。

【原文】

文王劳而问之曰[1]："子乐渔耶[2]？"

太公曰："君子乐得其志，小人乐得其事。今吾渔，甚有似也。"

文王曰："何谓其有似也？"

太公曰："钓有三权[3]：禄等以权[4]，死等以权，官等以权。夫钓以求得也，其情深，可以观大矣。"

文王曰："愿闻其情。"

太公曰："源深而水流，水流而鱼生之，情也。根深而木长，木长而实生之，情也。君子情同而亲合，亲合而事生之，情也。言语应对者，情之饰也[5]；至情者，事之极也。今臣言至情不讳[6]，君其恶之乎[7]？"

【注释】

〔1〕劳：慰劳。

〔2〕子：古代对男子的尊称。

〔3〕权：权谋，权术。

〔4〕禄：俸禄，官禄。

〔5〕饰：修饰，文饰，外在的形式。

〔6〕讳：避讳，隐讳。

〔7〕恶：厌恶。

【译文】

文王上前问候太公，并问他说："您很喜欢钓鱼吗？"

姜太公回答说："我听说君子以实现自己的抱负为乐，小人则以完成自己所做的事情为乐。我现在钓鱼，道理差不多如此，并非喜欢钓鱼。”

周文王问：“怎么说与钓鱼的道理相同呢？”

姜太公回答说：“钓鱼时要运用三种权术，正像君主收罗人才时一样。君主用高官厚禄吸引人才，就如同用鱼饵诱鱼上钩；君主用重赏收买人才，就如同用香饵诱鱼冒死来食；君主用不同的官爵职位授予各类人才，就如同用不同的诱饵钓取不同的鱼一样。垂钓就是为了得到鱼，此事意义很深奥，从中可以悟出更大的道理。”

周文王说：“我很希望听听其中深奥的道理。”

姜太公说：“源泉深远，河水才能长流不息，河水畅流，鱼类才能生长繁衍，这是自然的情理。树根很深，枝叶才能茂盛，枝叶茂盛，才会结出果实，这也是自然的情理。君子志趣相同，情意相投，就会亲密合作，亲密合作就能同创伟业，这也是自然的情理。言语应对，这只是人们感情的外在装饰；而内心深层蕴藏的情感，才是事理的极致。现在我说的都是人间的至情之言，毫不隐讳，您听了不会生气吧？”

【原文】

文王曰：“惟仁人能受直谏，不恶至情。何为其然？”

太公曰：“缗微饵明[1]，小鱼食之。缗调饵香[2]，中鱼食之。缗隆饵丰[3]，大鱼食之。夫鱼食其饵乃牵其缗，人食其禄乃服其君。故以饵取鱼，鱼可杀；以禄取人，人可竭[4]；以家取国，国可拔；以国取天下，天下可毕。呜呼！曼曼绵绵[5]，其聚必散；嘿嘿昧昧[6]，其光必远。微哉！圣人之德，诱乎独见。乐哉！圣人之虑，各归其次，而立敛焉。”

【注释】

〔1〕缗：鱼线。

〔2〕调：指鱼线长短合适。

〔3〕隆：粗大。

〔4〕竭：竭尽其力，竭尽其能。

〔5〕曼曼：长远。绵绵：延续不绝。

〔6〕嘿嘿：默默。昧昧：隐晦不明。

商·双首纹直内青铜戈　江西省博物馆藏。通长26.1厘米，援宽6厘米，重330克。

【译文】

周文王说：“只要是有仁德的人，都能够接受严正的规劝，而不厌恶表达至情的逆耳之言，你为何会有此想法呢？”

姜太公说：“钓丝细微，鱼饵明显可见，小鱼就会来吞饵上钩。钓丝粗细适中，鱼饵香美，中鱼就会来吞饵上钩。钓丝粗长，鱼饵丰厚，大鱼就会来吞饵上钩。鱼儿吞食了鱼饵，就不免会被钓丝所牵；人享用了俸禄，就要臣服于君主。故以鱼饵钓鱼，就可烹而食之；用爵禄来吸引人入仕，就可以使他竭忠尽力；以家作为基础而取国，国可取而有之；以国作为基础来谋取天下，就可以成就统一天下的大业。唉！事业表面上看起来兴旺发达，绵延广远，但有聚必有散，终有衰败的一天；而默默无闻，韬光养晦，从不显露自己，却一定会光照四方，传之久远。多么奇妙啊！圣人的道德无比高尚，见解超凡。多么高兴啊！圣人思虑，是依据事物的规律加以诱导，使人人各得其所，并建立各种收揽人心的方法。"

【原文】

文王曰："立敛何若，而天下归之？"

太公曰："天下非一人之天下也，乃天下之天下也。同天下之利者则得天下，擅天下之利者则失天下[1]。天有时，地有财，能与人共之者，仁也。仁之所在，天下归之。免人之死，解人之难，救人之患，济人之急者[2]，德也。德之所在，天下归之。与人同忧同乐，同好同恶，义也。义之所在，天下赴之。凡人，恶死而乐生，好德而归利[3]，能生利者，道也。道之所在，天下归之。"

【注释】

〔1〕擅：自己单独享有。

〔2〕济：救济，帮助。

〔3〕"德"字，《治要》作"得"。

【译文】

周文王问："应建立什么样的法则，才能使天下人诚心归顺呢？"

姜太公回答："天下不是一个人的天下，而是天下人共有的天下。能与天下人共享天下之利者，就可以取得天下；而想独占天下之利者，就会失去天下。天有四时变化，地有财货生长，能够与天下人共同享用的，这就是仁；仁所在的地方，天下人就会归向那里。能够免除人们死亡的危险，解救人们的危难，接济人们的急需，这就是德；德所在的地方，天下人就会归向那里。能够与人们同忧同乐，同好同恶，这就是义；义所在的地方，天下人就会赶赴而归向那里。凡是人，都厌恶死亡而乐于生存，喜好仁德而趋向利益，能为天下人谋得利益，即是道；道所在的地方，天下人都会归向那里。"

【原文】

文王再拜曰："允哉[1]！敢不受天之诏命乎[2]？"乃载与俱归，立为师。

【注释】

〔1〕允：适当，正确。

〔2〕诏命：最高的命令。

【译文】

周文王再次拜谢，并说道："讲得太对了啊！我怎敢不接受上天委托您传达的诏命呢？"于是请姜太公登上自己的车子，一同回到都城，并拜太公为国师。

盈虚第二

【原文】

文王问太公曰："天下熙熙[1]，一盈一虚[2]，一治一乱，所以然者，何也？其君贤不肖不等乎？其天时变化自然乎[3]？"

太公曰："君不肖，则国危而民乱；君贤圣，则国安而民治。祸福在君，不在天时。"

文王曰："古之贤君可得闻乎？"

太公曰："昔者帝尧之王天下[4]，上世所谓贤君也。"

文王曰："其治如何？"

【注释】

〔1〕熙熙：纷杂乱糟糟的样子。

〔2〕一盈一虚：盈，充满，此处为强盛之意。虚，意谓衰弱。

〔3〕天时：这里是指天命。

〔4〕帝尧：传说中的我国古代部落联盟的领袖，号陶唐氏。

【译文】

文王问太公说："天下纷繁，时盛时衰，时安时乱，之所以这样，原因是什么呢？是国君贤与不贤呢，还是天命自然变化的结果呢？"

太公说："君主不贤明，则国家危难人民动乱；君主贤明，则国家太平人民安定。故国家的祸福取决于国君贤与不贤，而不是取决于天命。"

文王说："古代贤君的事迹，可以讲给我听听吗？"

太公说："从前帝尧治理天下，上古的人都称颂他是贤君。"

文王说："帝尧是如何治理国家的呢？"

【原文】

太公曰："帝尧王天下之时，金银珠玉不饰，锦绣文绮不衣[1]，奇怪珍异不视，玩好之器不宝，淫佚之乐不听，宫垣屋室不垩，甍桷椽楹不斫[2]，茅茨遍庭不剪[3]。鹿裘御寒[4]，布衣掩形，粝粮之饭[5]，藜藿之羹[6]。不以役作之故，害民耕织之时。削心约志，从事乎无为。吏忠正奉法者尊其位，廉洁爱人者厚其禄。民有孝慈者爱敬之，尽力农桑者慰勉之。旌别淑德[7]，表其门闾。平心正节，以法度禁邪伪。所憎者，有功必赏；所爱者，有罪必罚。存养天下鳏寡孤独，赈赡祸亡之家。其自奉也甚薄，其赋役也甚寡，故万民富乐而无饥寒之色。百姓戴其君如日月，亲其君如父母。"

文王曰："大哉！贤君之德也！"

【注释】

〔1〕锦绣文绮：指做工精细、漂亮华丽的丝织品。

〔2〕斫：大锄，引申为砍、削、斩，此处指雕饰。

〔3〕茨：蒺藜。

〔4〕鹿裘：用鹿皮做的衣。平民所穿的衣服。

〔5〕粝：粗糙、劣质的米。

〔6〕藜藿：通指野生粗劣的菜蔬。

〔7〕旌别：识别、甄别。

【译文】

太公说："帝尧治理天下时，不用金银珠玉作装饰品，不穿锦绣华丽的衣服，不观赏珍贵稀奇的宝物，不珍藏古玩宝器，不听淫靡的音乐，不粉饰宫廷墙垣，不雕饰屋梁椽柱，不修剪庭院茅草。用鹿裘御寒，用粗布衣遮体，吃粗糙的饭食，野菜为汤。不因劳役而妨害了农时。抑制自己的欲望，约束自己的行为，奉行无为而治。官吏中凡忠心耿耿、正直奉法的，就提升他的职位；廉洁爱民的，就增加他的俸禄。百姓中孝顺父母、爱护幼小的就表彰他敬重他；尽力从事农耕、发展蚕桑的就慰劳勉励他。识别善恶，品德高尚的可在其家门上予以标志，以示崇敬。提倡

商·鱼首曲内青铜戈　江西省博物馆藏。通长25.3厘米，援宽5.4厘米，重240克。

心志公平，节操端正，以法制禁止邪恶虚伪。对自己厌恶的人，有功也同样给予奖赏；对自己喜爱的人，有了罪过同样进行惩罚。抚恤鳏、寡、孤、独，救济遭受天灾人祸的家庭。帝尧自奉节俭，征用的赋税劳役也很少，所以天下百姓富足安乐而没有饥寒之色。百姓爱戴他像景仰日月一样，亲近他就如亲近自己的父母一般。”

文王说：“高尚啊！帝尧的德行！”

国务第三

【原文】

文王问太公曰：“愿闻为国之大务。欲使主尊人安，为之奈何？”

太公曰：“爱民而已。”

文王曰：“爱民奈何？”

太公曰：“利而勿害，成而勿败，生而勿杀，与而勿夺，乐而勿苦，喜而勿怒。”

【译文】

周文王问太公说：“我想请教一下治理国家的要务。如果要使君王受到百姓的爱戴，百姓又生活安定，应当怎么做呢？”

太公回答说：“只要爱民就可以了。”

周文王说：“如何才叫爱民呢？”

姜太公回答：“使百姓获得好处，而不加以损害；使百姓成就各自的事业，而不加以破坏；使百姓安居乐业，而不是加重刑罚滥杀无辜；多多给予人民实惠，而不去侵勒掠夺他们；使人民生活安乐，而不使他们感到痛苦；使人民心情愉悦，而不使他们怨恨愤怒。”

【原文】

文王曰：“敢请释其故[1]。”

太公曰：“民不失务，则利之。农不失时，则成之。省刑罚[2]，则生之。薄赋敛，则与之。俭宫室台榭[3]，则乐之。吏清不苛，则喜之。民失其务，则害之。农失其时，则败之。无罪而罚，则杀之。重赋敛，则夺之。多营宫室台榭以疲民力，则苦之。吏浊苛扰，则怒之。故善为国者，驭民如父母之爱子[4]，如兄之爱弟，见其饥寒则为之忧，见其劳苦则为之悲。赏罚如加于身，赋敛如取己物。此爱民之道也。”

【注释】

〔1〕敢：恭敬、自谦之词。

〔2〕省：减少。

〔3〕榭：建在台上的房屋。

〔4〕驭：驾驭，此指治理。

【译文】

周文王说：“请您详细解释其中的缘由。”

商·直内铜戈　江西省博物馆藏。通高28.7厘米，内长7.2厘米，内宽4.4厘米，援宽4.9厘米。

姜太公说：“使百姓不失去所从事的工作，就是使他们获取利益；使农民不耽误农时，也就是成就他们的事业；减轻刑罚，也就是使百姓安居乐业；减轻赋税，解除各种负担，那就是多多给予人民实惠；生活用度俭朴，不轻易营建宫室台榭，也就是使百姓生活安乐；官吏清正廉洁，不苛剥扰民，也就是使百姓心情愉悦。反之，如果百姓失去了从事自己的工作的条件，那就是损害了他们的利益；使农民失其农时，也就是破坏他们的事业；百姓无罪而妄加惩罚，也就是伤害他们；加重赋税，横征暴敛，也就是去侵勒掠夺他们；大兴土木，营建宫室台榭，从而导致民力凋弊，也就是使百姓感到痛苦；官吏昏浊贪污，苛剥扰民，也就是使百姓心怀怨恨和愤怒。所以，善于治理国家的君主，统御臣民就如父母疼爱自己的子女，兄长爱护自己弟妹一样，看到他们忍饥受寒就为之忧心，看到他们吃苦受累就为之悲伤。对他们施行赏罚，就如同赏罚自己一样，向他们征收赋税，就如同索取自己的财产一样。这就是爱民的方法。”

大礼第四

【原文】

文王问太公曰：“君臣之礼如何[1]？”

太公曰：“为上惟临[2]，为下惟沉[3]。临而无远，沉而无隐。为上惟周[4]，为下惟定[5]。周则天也[6]，定则地也。或天或地，大礼乃成。”

【注释】

〔1〕礼：指君臣之间的行为规范和准则。

〔2〕临：指居高临下地统治群臣。

〔3〕沉：指安心在下辅佐君主。

〔4〕周：周全，普遍，指君主的恩泽要普施于臣民。

〔5〕定：安定，稳定。

〔6〕则：效法。

【译文】

周文王问太公说："君臣之间的礼法应如何处理呢？"

太公回答说："作为君主，须居高临下，体察民情；作为臣民，须沉伏于下，谦恭驯服。君主居高临下，但不要疏远臣民；臣民驯服于下，但不要欺蒙君主。作为君主，只要求他能普施恩惠；作为臣民，只要求他安分守己。普施恩惠，如阳光普照万物；安分守己，如土地滋生万物。君主取法于天，臣民取法于地，君臣之间的礼法就形成了。"

【原文】

文王曰："主位如何？"

太公曰："安徐而静，柔节先定[1]，善与而不争，虚心平志，待物以正。"

文王曰："主听如何[2]？"

太公曰："勿妄而许，勿逆而拒。许之则失守[3]，拒之则闭塞。高山仰止[4]，不可极也；深渊度之，不可测也。神明之德，正静其极[5]。"

文王曰："主明如何？"

太公曰："目贵明，耳贵聪，心贵智。以天下之目视，则无不见也。以天下之耳听，则无不闻也。以天下之心虑，则无不知也。辐辏并进[6]，则明不蔽矣。"

【注释】

〔1〕柔节：柔和而有节制。

〔2〕听：此指听取臣下的意见。

〔3〕守：操守，原则。

〔4〕止：语气助词。

〔5〕正静：公正宁静。

〔6〕辐辏：像车轮上的辐条一样会聚于轴心。

【译文】

周文王又问："如何才能当好君主呢？"

姜太公回答说："君主处理政务应安祥稳健，沉着冷静；柔和有节，成竹在胸；善于施加恩惠德泽，而不与臣民争利；虚心而不自满；以公正的态度待人接物。"

周文王又问道："君主应该怎样倾听臣下意见呢？"

姜太公回答说："倾听时，不可轻易许诺，也不可正面拒绝。轻率地表示接受，就会丧失心中的主见；正面予以拒绝，就会闭塞言路，从而使自己耳目堵塞，无法洞察下情。君主要像高山一样，使臣民仰望而不见其极；应该像深渊一样，使臣民揣度而莫测其深。要养成神圣英明的君德，这就需要把公正宁静作为最重要的准则。"

周文王又问道："君王怎样才能洞察一切呢？"

姜太公回答说："眼以视觉敏锐为贵，耳以听觉敏锐为贵，心以思虑周详为贵。君主如能从天下人的角度出发，以天下人的眼睛去看待事物，那么天下的事就会无所不见。如果能利用天下所有人的耳朵去倾听，那么天下事就会无所不闻。如果能利用天下所有人的心灵去思考，那么天下事就会无所不知。正如车子的辐条都集中于轴心一样，天下所有人的见闻和智慧都向君主那里汇集，君主自然就能像神明那样洞察一切，从而不受蒙蔽了。"

明传第五

【原文】

文王寝疾[1]，召太公望，太子发在侧[2]。曰："呜呼！天将弃予，周之社稷将以属汝[3]。今予欲师至道之言，以明传之子孙。"

太公曰："王何所问？"

文王曰："先圣之道，其所止，其所起，可得闻乎？"

太公曰："见善而怠，时至而疑，知非而处，此三者，道之所止也；柔而静，恭而敬，强而弱，忍而刚，此四者，道之所起也。故义胜欲则昌，欲胜义则亡；敬胜怠则吉，怠胜敬则灭。"

【注释】

〔1〕寝疾：卧病。

〔2〕太子发：即姬发，文王之次子，史称武王。

〔3〕社稷：社，土神；稷，谷神。代指国家。

【译文】

文王卧病在床，召见太公望，太子姬发在病床边。文王叹息道："唉！我的病看来治不好了，周国的天下将要由你（指太子发）来治理了。现在我想请我们的军师讲些先圣的至道之言，并将它传授给子孙。"

太公说："您要问哪方面的问题呢？"

文王说："先圣的治国之道，为什么会时而废止中断，时而又重新兴起，它的原因是什么呢？"

太公说："见到善事而怠惰不为，时机到来而犹豫不决，知道错误所在却泰然处之而不去改正，这三种情况是先圣的治国之道被废止的原因。能宽柔又能冷静地对待自己，能谦恭而礼貌地待人，能刚柔相济地处理事务，能忍耐又能果断地行动，这四点是先圣的治国之道之所以兴旺的原因。因此，义理胜过私欲，国家就会昌盛；私欲胜过义理，国家就会衰亡。勤恳谦恭胜过怠惰，国家就会吉祥；怠惰胜过勤恳谦恭，国家就会灭亡。"

六守第六

【原文】

文王问太公曰："君国主民者，其所以失之者何也？"

太公曰："不慎所与也〔1〕。人君有六守〔2〕、三宝〔3〕。"

文王曰："六守何也？"

太公曰："一曰仁，二曰义，三曰忠，四曰信，五曰勇，六曰谋，是谓六守。"

文王曰："慎择六守者何？"

【注释】

〔1〕与：给与、托付。引申为任用人才的意思。

〔2〕六守：即六项用人的标准。

〔3〕三宝：指关系到国家经济命脉的三件大事。

【译文】

文王问太公，说："治理国家、万民的君主，为什么又会失去他的国家和人民呢？"

太公说："这是由于用人不当而造成的。人君应当选拔具备六项德行标准的人才和抓住三件大事。"

文王说："六项标准指的是什么？"

太公说："一是仁爱，二是正义，三是忠实，四是诚信，五是勇敢，六是谋略，这就是所说的六守。"

文王说："怎样去选拔具有六项德行标准的人呢？"

【原文】

太公曰："富之而观其无犯[1]，贵之而观其无骄，付之而观其无转，使之而观其无隐，危之而观其无恐，事之而观其无穷。富之而不犯者仁也，贵之而不骄者义也，付之而不转者忠也，使之而不隐者信也，危之而不恐者勇也，事之而不穷者谋也。人君无以三宝借人，借人则君失其威。"

【注释】

〔1〕犯：指违背礼制，干犯法禁。

【译文】

太公说："使他富裕，看他是否凭借钱财胡作非为；使他尊贵，看他是否骄横凌人；付与他重任，看他能否忠实地去完成；委派他去处理棘手问题，看他是否隐瞒欺骗；使他身临危难，看他是否能临危不惧；使他处理复杂工作，看他能否应变自如。富裕而不逾越礼法的，是仁爱的人；身居高官而不骄傲的，是正义的人；肩负重托而不改变自己的志向，是忠实的人；处理棘手问题而能不隐瞒欺骗的，是诚信的人；身处危难而不害怕的，是勇敢的人；处理复杂事务能应变裕如的，是足智多谋的人。君主不要把处理三件大事的权力交给别人，如若将权力交给了别人，君主就会失去自己的权威。"

【原文】

文王曰："敢问三宝？"

太公曰："大农[1]、大工、大商，谓之三宝。农一其乡[2]，则谷足；工一其乡，则器足；商一其乡，则货足。三宝各安其处，民乃不虑。无乱其乡，无乱其族。臣无富于君，都无大于国[3]。六守长，则君昌；三宝完，则国安。”

【注释】

〔1〕大：重视、发展的意思。

〔2〕一：统一，这里引申为聚集、集结。乡：泛指城市郊外地区。

〔3〕都：大城邑。国：国都。

商晚期·镶嵌兽面纹戈　上海博物馆藏。长22.9厘米，长三角形援，上刃斜弧，下刃较平直，起中脊，援本一圆形穿，阑侧长方穿两个。长方形扁平内，内上一穿。内饰绿松石镶嵌的兽面纹。

【译文】

文王问：“请问三件大事是什么呢？”

太公说：“以农为大，以工为大，以商为大，就是所说的三件大事。使农民聚集在一地耕作，粮食就会充足；使工匠聚集一处作工，器具就会充足；使商人集中到一处经营，货物就会充足。农、工、商三大行业都有特定的区域，各安其业，百姓就会无忧无虑。不要打乱行业和地域经济，不要拆散他们的家族组织。臣民的财富不得富过君王，城邑不得大于国都。‘六项德行标准’的用人标准如能长期施行，君主的事业就会昌盛；以农为大，以工为大，以商为大这三件大事如能不断完善发展，国家就会长治久安。”

守土第七

【原文】

文王问太公曰：“守土奈何[1]？”

太公曰：“无疏其亲[2]，无怠其众，抚其左右[3]，御其四旁。无借人国柄，借人国柄，则失其权。无掘壑而附丘[4]，无舍本而治末[5]。日中必彗[6]，操刀必割，执斧必伐。日中不彗，是谓失时。操刀不割，失利之期。执斧不伐，贼人将来。涓涓不塞，将为江河。荧荧不救[7]，炎炎奈何。两叶不去[8]，将用斧柯。是故人君必从事于富，不富无以为仁，不施无以合亲。疏其亲则害，失其众则败。无借人利器[9]，借人利器，则为人所害而不终于世。”

【注释】

〔1〕守土：指保有国土，维持统治。

〔2〕亲：君主的同族近亲，即宗室贵族。

〔3〕左右：指君主身边的近臣。
〔4〕掘壑而附丘：比喻损害贫苦百姓的利益，增加尊贵富有者的权力和财富。
〔5〕舍本而治末：意即舍弃农业而发展商业。
〔6〕彗：曝晒。
〔7〕荧荧：小火。
〔8〕两叶：小树苗。
〔9〕利器：指国家权力。

【译文】

周文王问姜太公说："怎样才能保守国家社稷和疆域呢？"

姜太公回答说："不要疏远宗室贵族，不要怠慢平民百姓，安抚左右的近臣，驾驭四方的诸侯。不要将治国的大权交予他人，不然就会失去其权威。不要像挖掘深谷中的土来加高山丘的高度一样，损下益上，不要舍本而逐末。太阳到了正午，就要抓紧时间曝晒东西；手中握着利刃，就要抓紧时间宰割；手中拿着利斧，就要抓紧时间砍伐。太阳正午时若不曝晒东西，这就叫丧失时机；手中握着利刃而不宰割，就丧失了有利的时机；手执利斧而不砍伐，就会有贼人前来偷伐。涓涓细流不被堵塞，将会逐步发展为大江大河。星星之火不去扑救，待酿成燎原大火又该怎么办呢？一颗种子萌发出两片小树芽，这时若不摘除，等到将来长成大树，也就只能用利斧来砍伐了。因此，君王须致力于国家富强，国家不富足，就无法广施仁政，不能广施惠政，慷慨施与，就无法团结宗室贵族。疏远了宗室贵族，就会导致祸害；失去了民众的诚心拥戴，就会导致失败。不要把治理国家的大权交给他人，把治理国家的大权交给他人，就会为人所害而不得善终。"

【原文】

文王曰："何谓仁义？"

太公曰："敬其众，合其亲。敬其众则和，合其亲则喜，是谓仁义之纪〔1〕。无使人夺汝威，因其明，顺其常。顺者，任之以德；逆者，绝之以力〔2〕。敬之勿疑，天下和服。"

【注释】

〔1〕纪：法则，要领。
〔2〕绝：灭绝，消灭。

【译文】

周文王又问："何为仁义？"

姜太公回答说："尊敬平民百姓，团结宗室贵族。尊敬广大百姓，则天下和顺，团结宗室贵族，则宗亲高兴，这就是施行仁义的准则。不要让别人夺去你的权威，要凭借自己的洞察力，依事物的常理行事。对顺从自己的人，要用德行去感化他而为我所用；而对于反对自己的人，则要用武力去对付进而消灭他。如果能够谨遵上述准则，毫不犹豫地加以实施，那么天下自然也就和顺归服了。”

守国第八

【原文】

文王问太公曰：“守国奈何？”

太公曰：“斋。将语君天地之经[1]，四时所生，仁圣之道，民机之情[2]。”

王即斋七日，北面再拜而问之[3]。

【注释】

〔1〕经：常道、通理，一般规律。

〔2〕机：指诈伪智巧的机变之心。

〔3〕北面：古代拜人为师也称北面。

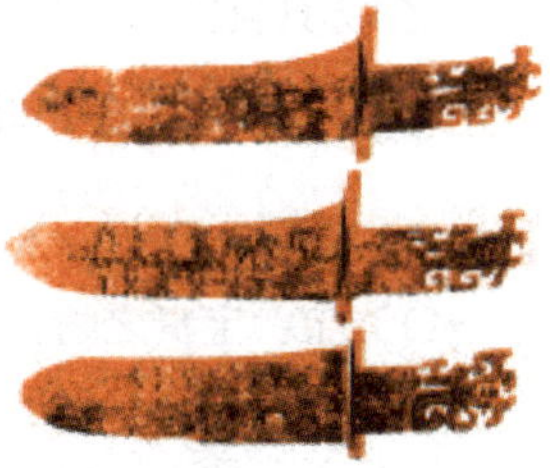

商晚期·鸟纹内三戈　辽宁省博物馆藏。　分别长27.5厘米、27.6厘米、26.1厘米，形制纹饰相同，直援，有栏，透雕鸟形内。三戈援部均铸铭文，分别为22、24、29个字，记祖、父、兄各世庙号。

【译文】

文王问太公说：“如何才能保守国家政权呢？”

太公说：“请您先行斋戒，然后我将告诉您关于天地运行的规律，四季更替万物生长的变化，圣贤君王的治国原则，以及民心变化的根本原因。”

文王于是就斋戒了七天，行弟子敬师的礼节，再拜后问太公。

【原文】

太公曰：“天生四时，地生万物，天下有民，仁圣牧之[1]。故春道生，万物荣；夏道长，万物成；秋道敛，万物盈；冬道藏，万物寻[2]。盈则藏，藏则复起，莫知所终，莫知所始。圣人配之[3]，以为天地经纪。故天下治，仁圣藏；天下乱，仁圣昌，至道其然也。

【注释】

〔1〕牧：指官吏治理民众。

〔2〕寻：当作“隐”，隐藏不动的意思。一说，寻当作“静”。

〔3〕配：相配，引申为参照仿效。

【译文】

太公说："天有春夏秋冬四季的更替，地随之而滋生万物。天下有广大百姓，由圣明的君主来治理。春天是生发，万物都生机勃勃；夏天是成长，万物都繁荣茂盛；秋天是收获，万物都成熟；冬天是收藏，万物都平静。万物成熟就应收藏，来年春季又开始生长，如此周而复始，没有谁知道哪是终了，哪是开始。上古圣人参照仿效这些自然规律，作为治理天下的纲纪准则。所以天下太平，仁者圣人就隐而不露；天下大乱，仁者圣人就应时而起，发挥巨大作用。天地间最根本的道理就是这样。

【原文】

"圣人之在天地间也，其宝固大矣〔1〕。因其常而视之则民安。夫民动而为机，机动而得失争矣。故发之以其阴〔2〕，会之以其阳〔3〕，为之先唱，天下和之。极反其常，莫进而争，莫退而让。守国如此，与天地同光。"

【注释】

〔1〕宝：宝贵之物，此指圣人的地位与作用。

〔2〕发：蕴育、发展。阴：暗中、秘密。

〔3〕会：际会、时机。阳：光明正大。

【译文】

"圣人在天地间，地位和作用是巨大的。依自然法则去对待百姓，百姓就会保持安定。民心浮躁就会发生动乱，动乱一旦发生，天下政权就有得失之争了。这时圣人就秘密地发展力量，时机到来就公开起兵，为之首先倡导，天下纷纷响应。事情变化到了极点，必然走向它的反面，国家就会恢复常态。之后既不要进而争功，也不要退而让位。能这样保守国家政权，他的英名就会与天地同光了。"

上贤第九

【原文】

文王问太公曰："王人者〔1〕，何上何下？何取何去？何禁何止？"

太公曰："王人者，上贤，下不肖。取诚信，去诈伪。禁

暴乱，止奢侈。故王人者有六贼[2]、七害。”

【注释】

〔1〕王：此处用为动词，意即统治。

〔2〕贼：损害，败坏。

【译文】

周文王问姜太公说：“作为君主，应该使什么人居于上位，使什么人居于下位？应该任用什么人，舍弃什么人？应该严禁什么事，抑止什么事？”

姜太公回答说：“作为君主，应该使德才兼备的贤士居于上位，使不肖之徒处于下位。应该任用诚实守信之人，排除奸诈虚伪的人。严禁暴乱的行为，抑止奢侈的风气。因此，对君主而言，有所谓的六贼、七害，尤其应当警惕。”

【原文】

文王曰：“愿闻其道。”

太公曰：“夫六贼者，一曰臣有大作宫室池榭，游观倡乐者，伤王之德。二曰民有不事农桑，任气游侠，犯历法禁[1]，不从吏教者，伤王之化。三曰臣有结朋党，蔽贤智，鄣主明者[2]，伤王之权。四曰士有抗志高节[3]，以为气势，外交诸侯，不重其主者，伤王之威。五曰臣有轻爵位，贱有司，羞为上犯难者[4]，伤功臣之劳。六曰强宗侵夺，陵侮贫弱者[5]，伤庶人之业。

“七害者，一曰无智略权谋，而以重赏尊爵之故，强勇轻战，侥幸于外，王者慎勿使为将。二曰有名无实，出入异言，掩善扬恶，进退为巧，王者慎勿与谋。三曰朴其身躬，恶其衣服，语无为以求名，言无欲以求利，此伪人也，王者慎勿近。四曰奇其冠带，伟其衣服，博闻辩辞，虚论高议，以为容美[6]，穷居静处，而诽时俗，此奸人也，王者慎勿宠。五曰谗佞苟得，以求官爵，果敢轻死，以贪禄秩，不图大事，得利而动，以高谈虚论说于人主[7]，王者慎勿使。六曰为雕文刻镂，技巧华饰，而伤农事，王必禁之。七曰伪方异伎[8]，巫蛊左道[9]，不祥之言，幻惑良民，王者必止之。

【注释】

〔1〕犯：触犯。历：逾越。

〔2〕鄣：通“障”，障碍，遮蔽。
〔3〕抗：高。抗志高节：指保持高尚的志向和节操。
〔4〕犯难：冒险，不顾危难。
〔5〕陵：同“凌”，欺凌。
〔6〕容美：修饰、美化外表。
〔7〕说：通“悦”，取悦。
〔8〕方：方术。
〔9〕巫：巫术。蛊：能用咒语驱使其害人的毒虫。左道：邪门歪道。

【译文】

周文王说：“我愿倾听其中的道理。”

姜太公回答：“所谓六贼，第一，是臣子中有人大规模营造宫室、园池、台榭，游玩观赏，歌舞行乐，骄奢淫逸，这种人会损害君主的德行。第二，是老百姓中有人不从事农桑生产，任性使气，游荡行侠，不惜违犯法律禁令，不服从官吏的管理教化，败害了君主的教化。第三，是大臣中有人结党营私，阻塞贤人智士的进身之路，蒙蔽君主的知人之明、洞察下情，损害了君主的权威。第四，是士大夫之中有人自以为具有高尚志向和节操，自负自大，气势嚣张，结交各国诸侯，却不尊重本国的君主，损害了君主的威严。第五，是大臣之中有人轻视爵位，藐视官吏，耻于为了君主而不顾危难、挺身冒险，损害了功臣的勋业和荣誉。第六，是强宗大族互相侵夺，欺凌侮辱贫穷势弱的人，如此就损害了平民百姓的生计。

商晚期·歧冠鸟形曲内戈　通长29厘米，阑宽7.7厘米。出土于河南安阳殷墟小屯一带。其鸟首呈夸大之艺术造型，为商晚期铜兵器一大特色，主要作为权力象征或仪式用途。

“所谓七害，第一，是指没有智慧谋略，不懂权变，只因可得重赏和尊位，恃勇轻率赴战，企图侥幸取胜，立功于外。这种人，君主要谨慎小心，不能用来做将帅。第二，是指徒有虚名而无真才实学，当面一套，背后一套，掩盖别人的好事，宣扬别人的坏事，人前人后，投机钻营取巧。这种人，君主要谨慎小心，切勿与他筹谋大计。第三，是指外表做出很朴素的样子，穿着粗糙低劣，口头讲着清静无为，却一心沽名钓誉，口头讲着无欲无争，却一味追求实利，这种人是虚伪之人，君主要谨慎小心，切勿亲近他们。第四，是指穿着奇特，博闻善辩，高谈空论，以美化自己，自矜自傲，处于贫穷之境，居于僻静之地，而去诽谤时俗朝政，这种人是奸诈之人，君主要谨慎小心，切勿宠信他们。第五，是指花言巧语献媚当权者，背后说别人坏话，以求得更高的官爵，故作勇敢，轻率行事，以贪求更丰厚的俸禄，不为全局着想，只要有利可图便轻举妄动，以高谈空论说服和取悦君主。这种人，君主要谨慎小心，切勿任用他们。第六，是指用雕虫小技致力于修饰各种建筑物和工艺华美的生活用品，从而妨害了农业生产。这种人，君主必须加以禁止。第七，是指以虚假骗人的方术，奇特诡异的技巧，各种符咒巫蛊，旁门左道，蛊惑善良的百姓。这种人，君主必须加以禁止。

【原文】

“故民不尽力，非吾民也。士不诚信，非吾士也。臣不忠谏，非吾臣也。吏不平洁爱人〔1〕，非吾吏也。相不能富国强兵，调和阴阳，以安万乘之主〔2〕，正群臣，定名实，明赏罚，乐万民，非吾相也。

“夫王者之道，如龙首，高居而远望，深视而审听。示其形，隐其情。若天之高，不可极也；若渊之深，不可测也。故可怒而不怒，奸臣乃作〔3〕；可杀而不杀，大贼乃发〔4〕；兵势不行，敌国乃强。”

文王曰：“善哉！”

【注释】

〔1〕平洁：公平廉洁。

〔2〕万乘：指拥有万乘兵车的诸侯国。

〔3〕作：兴，起。

〔4〕大贼：巨奸大盗。

【译文】

“所以说，百姓不尽力耕作，就不是国家的好百姓。士大夫如果不能尽忠职守，就不是国家的好士人。大臣们如果不能忠心进谏，就不是国家的栋梁。官吏如果不能公平廉洁，爱养人民，就不是国家的好官吏。宰相如果不能使国富兵强，阴阳协调，使君主安居太平，端正官场风气，综核名实，严明赏罚，使万民安乐，那就不是我们心仪的宰相。

“君主的统御之道，就如神龙之首，高瞻远瞩，可观四方，洞察得深刻，听闻得周详。看得见高大威仪的形象，却隐藏着自己的内心情思。就像天的崇高一样，不可穷极；就像渊的幽深一样，不可测度。所以，君主在应该发怒的时候不发怒，丧失了自己的威严，那么奸臣就会乘机而出，兴风作浪；君主如果对该杀的人不杀，就会丧失了国法的威严，大奸大恶就会僭越礼法，犯上作乱；军事气势不能行于远方，威慑四夷，那么敌国就会强大起来。”

周文王说：“说得太深刻了！”

举贤第十

【原文】

文王问太公曰："君务举贤而不获其功[1]，世乱愈甚，以致危亡者，何也？"

太公曰："举贤而不用，是有举贤之名，而无用贤之实也。"

文王曰："其失安在？"

太公曰："其失在君好用世俗之所誉[2]，而不得真贤也。"

文王曰："何如？"

【注释】

〔1〕务：致力于。

〔2〕世俗：指平常、凡庸的人。

【译文】

文王问太公说："君主致力于选用贤才，而没有达到使国家昌盛的目的，社会混乱更加严重，以致国家陷于危亡，这是为什么呢？"

太公说："这是由于选拔了贤才却不加任用，这是空有举贤的虚名，而没有用贤的实效。"

文说："造成这种过失的原因在哪里呢？"

太公说："过失在于君王喜欢用世俗所称赞的人，因而得不到真正的贤才。"

文王说："此话怎讲？"

【原文】

太公曰："君以世俗之所誉者为贤，以世俗之所毁者为不肖，则多党者进[1]，少党者退。若是，则群邪比周而蔽贤[2]，忠臣死于无罪，奸臣以虚誉取爵位，是以世乱愈甚，则国不免于危亡。"

文王曰："举贤奈何？"

太公曰："将相分职，而各以官名举人[3]，按名督实[4]。选才考能，令实当其名，名当其实，则得举贤之道矣。"

【注释】

〔1〕党：朋党、党羽。

〔2〕比周：串通勾结，结党营私。
〔3〕以官名举人：根据官名所表示的意思去选用合适的人。
〔4〕按名督实：指就其名而求其实，考察是否名实相符。

【译文】

太公说："君王以世俗所称赞的人为才，以世俗所诋毁的人为不肖，那么朋党多的就会得到赏识和重用，朋党少的就会被排挤。这样，奸邪势力，就会结党营私而埋没贤人，忠臣无罪而被处死，奸臣则以虚名取得爵位。因此，社会会更加混乱，国家也不免陷于危亡。"

文王说："怎样才能选拔有德才的人呢？"

太公说："将和相彼此明确自己的职守，分别依据不同官位的要求，确定不同的德才条件，再以各种官职所应具备的条件要求加以考核，以甄别其才智的高低、能力的大小，使其德才与官职相称，官德相当，这样就掌握了举贤的方法了。"

赏罚第十一

【原文】

文王问太公曰："赏所以存劝，罚所以示惩。吾欲赏一以劝百，罚一以惩众，为之奈何？"

太公曰："凡用赏者贵信，用罚者贵必。赏信罚必于耳目之所闻见，则不闻见者莫不阴化矣[1]。夫诚，畅于天地，通于神明[2]，而况于人乎？"

【注释】

〔1〕阴化：暗中受到感化和触动。
〔2〕神明：神灵，神祇。

【译文】

周文王问姜太公说："奖赏是用来对有功之人进行勉励的，刑罚是用来对有罪之人进行惩罚的。我想奖赏一个人而使众人受到勉励，惩罚一个人而使众人受到惩戒，应该如何去做呢？"

姜太公回答说："凡行奖赏，须恪守信用；施行惩罚，须言出必行。如果能在亲耳所听、亲眼所见的范围内做到行赏诚信守诺，惩罚能坚决执行，那么即使在不能亲耳所闻、亲眼所见的地方的人也莫不潜移默化受到感化。赏信罚必就是诚信，诚信，可与天地神明通达，何况对于人呢？"

兵道第十二

【原文】

武王问太公曰："兵道如何？"

太公曰："凡兵之道莫过乎一[1]。一者能独往独来[2]。黄帝曰：'一者，阶于道[3]，几于神[4]。'用之在于机，显之在于势，成之在于君。故圣王号兵为凶器，不得已而用之。

【注释】

〔1〕一：事权专一、指挥统一的意思。

〔2〕独往独来：用兵能够行动自由、无拘无束。

〔3〕阶于道：指进入灵活用兵的上乘境界。

〔4〕几于神：几乎就是神妙莫测。

【译文】

武王问太公说："用兵的重要原则是什么？"

太公说："用兵的原则，莫过于统一指挥了。统一指挥，千军万马如一个人行动，不受任何牵制。黄帝说：'军队指挥统一了，用兵打仗就可达到出神入化的境界。'运用这一原则，关键在于把握战机，造成有利态势，而成功与否在于君主的决策。所以古代圣王把战争称为凶器，只在不得已时才使用它。

【原文】

"今商王知存而不知亡，知乐而不知殃。夫存者非存，在于虑亡；乐者非乐，在于虑殃。今王已虑其源，岂忧其流乎！"

武王曰："两军相遇，彼不可来，此不可往，各设固备，未敢先发，我欲袭之，不得其利，为之奈何？"

太公曰："外乱而内整，示饥而实饱，内精而外钝。一合一离，一聚一散，阴其谋，密其机，高其垒，伏其锐士，寂若无声，敌不知我所备。欲其西，袭其东。"

武王曰："敌知我情，通我谋，为之奈何？"

太公曰："兵胜之术，密察敌人之机而速乘其利，复疾击其不意。"

【译文】

“如今纣王只知道国家还存在，而不知国家将要灭亡，只知纵情享乐，而不知灾难即将到来。此时存在的国家并不一定能够长存，关键在于能居安思危；此时似乎还在享乐，但不等于可以长久享乐，关键在于能乐不忘忧。现在君王已考虑到安危存亡的根本，还忧虑什么枝节问题呢？”

武王说：“两军相遇，敌方不能来攻我，我军也不能去进攻敌人，双方均设置坚固的守备，谁也不能率先发动进攻。我想袭击对方，又不具备更多的有利条件，应该怎么办？”

太公说：“这样可使我军表面上装出散乱的样子，而内实严整；外表缺粮，而实际给养充足；外表装备残破，士气低落，而实际装备精良，兵强马壮。让士卒忽离忽合，忽聚忽散，以示混乱。隐匿自己的计谋，深藏自己的企图，高筑壁垒，埋伏精锐。阵地内士兵寂若无声，敌人不知道我军的虚实和企图。本来想进攻敌军西侧，却以一部兵力袭击敌军东侧，以迷惑牵制敌人兵力。”

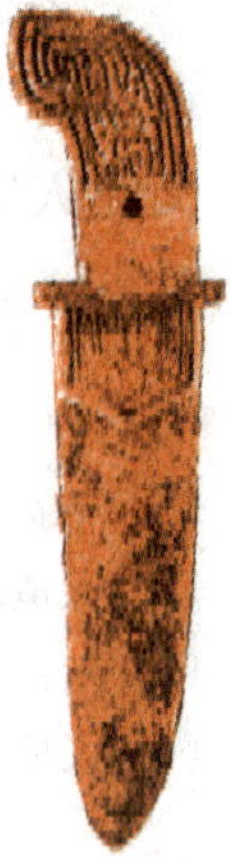

商晚期 · 兽面纹曲内戈　通长29.7厘米，阑宽6.8厘米。戈作曲内有阑式，援宽而长，前锋弧尖，中脊隆起，援本鼓起，饰精细兽面纹，一字形长阑，内偏长呈弧曲，一圆形穿，曲内饰凹铸夔龙纹。

武王问：“敌人如知道我军的情况，又通晓我军的计谋，又该如何呢？”

太公说：“作战取胜的方法，在于周密地察明敌情，了解敌军的意图，迅速抓住有利战机，出其不意，攻其不备。”

武　韬 · 发启第十三

【原文】

文王在丰[1]，召太公曰：“呜呼！商王虐极，罪杀不辜。公尚助予忧民[2]，如何？”

【注释】

〔1〕丰：古都邑名，地在今陕西省西安市西南。

〔2〕公尚：即姜太公。

【译文】

周文王在都城丰邑，召见姜太公说：“唉！商纣王的暴虐已达到了极点，任意滥杀无辜。您帮我筹谋拯救天下百姓，看该如何呢？”

【原文】

太公曰："王其修德，以下贤惠民[1]，以观天道[2]。天道无殃[3]，不可先倡；人道无灾[4]，不可先谋。必见天殃，又见人灾，乃可以谋。必见其阳，又见其阴，乃知其心。必见其外，又见其内，乃知其意。必见其疏，又见其亲，乃知其情。

【注释】

〔1〕下贤：礼贤下士。

〔2〕天道：古人指各种天象变化。

〔3〕殃：指水灾、旱灾、日食、月食等灾异和自然现象。

〔4〕人道：人事，人世间的事物。

【译文】

姜太公回答说："君王要修养德行，礼贤下士，对人民实施恩惠，以观察天道变化，天意所向。如上天没有降临祸殃，就不可先倡导讨伐之议；如人道还没有出现灾难，就不可先筹兴师之谋。必须出现天灾又出现人祸，才可以筹划兴师讨伐之事。一定要既看到对方公开的言行举动，又要看到其暗中的所作所为，才能够弄清其内心的秘密。一定要既看到对方表面的行动，又要看到其内部的筹谋，才能了解其真实意图。一定要既看到他疏远哪些人，又要看到他亲近哪些人，才能把握其真实的感情。

【原文】

"行其道，道可致也。从其门，门可入也。立其礼，礼可成也。争其强，强可胜也。全胜不斗[1]，大兵无创[2]，与鬼神通。微哉！微哉！与人同病相救，同情相成，同恶相助，同好相趋。故无甲兵而胜，无冲机而攻[3]，无沟堑而守[4]。

【注释】

〔1〕全胜：完胜，己方不受损失而取得胜利。

〔2〕大兵：正义的军队。

〔3〕冲机：古代一种用以攻城的战车。

〔4〕沟堑：古代城市的防御设施。

【译文】

"行吊民伐罪之道，这个正道就可以得到。遵循天下的常理行动，就可获取天下。只要决心树立礼制，这种礼制就可以形成。只要决心与敌军进行争胜，就可以战胜强大的敌人。获得全面胜利的军队往往不用进行战斗，强大的军队可凭其威名使敌人屈服，而自己丝毫无损，这其中的奥妙可与鬼神相比拟。真是太妙了！真是太妙了！如与别人同样痛病就会互相救治；如果自己怀有与别人同样的心情，就会去帮助和成就他；如果自己与别人有同样的憎恶对象，那么大家就会共同地来克服他；如果自己同别人有同样的爱好，双方就会结合在一起。因此，只要有共同一致的目标，就是没有甲胄兵器，也可以战胜敌人；就是没有冲机（用以冲撞城墙的战车），也可以攻破敌军的城池；即使没有沟垒设施，也可使阵地牢不可破。

【原文】

“大智不智，大谋不谋，大勇不勇，大利不利。利天下者，天下启之[1]；害天下者，天下闭之[2]。天下者，非一人之天下，乃天下之天下也。取天下者，若逐野兽，而天下皆有分肉之心。若同舟而济，济则皆同其利，败则皆同其害。然则皆有以启之，无有闭之也。无取于民者，取民者也。无取于国者，取国者也。无取于天下者，取天下者也。无取民者，民利之。无取国者，国利之。无取天下者，天下利之。故道在不可见，事在不可闻，胜在不可知。微哉！微哉！鸷鸟将击，卑飞敛翼；猛兽将搏，弭耳俯伏[3]；圣人将动，必有愚色。

【注释】

〔1〕启：开启，引申为接纳、欢迎。

〔2〕闭：关闭，引申为拒绝、抗拒。

〔3〕弭：平息，引申为收敛、伏帖。

【译文】

“真正有大智的人，其智慧运用于无形之中，所以人们往往看不出他的智慧；运筹重大计谋的人，别人往往看不出他有计谋；非常勇敢的人，表面上别人看不出他的勇敢；获取最大利益的人，别人看不到他所获得的利益。对能给天下人带来利益的人，天下人就会竭诚地欢迎他。对使天下人都受其害的人，天下人都会与他对抗。天下，不是某一个人的天下，而是天下人共有的天下。争夺天下就如追逐野兽一样，所有的人都有分食兽肉的要求。就好像同舟渡河一样，顺利渡过，大家都得到一份利益；如若渡河不成，大家就会共同受害。如果能这样与天下人相处，天下人就会真诚地欢迎他。否则，天下人就会将他拒之门外。不向百姓索取，等于使百姓得利，就会得到百姓的拥护；不向国家索取，实际上是维护了国家的利益，团结了一国百姓；不向天下索取，实际上就是为天下谋利，就会得到天下人的拥护。因此说，智慧的人运用的战胜敌人的策略妙不可见；其进行的活动也人所不闻；制胜的方法也人所不可知。这真是太微妙了！太微妙了！猛禽在将要猎获食物的时候，一定是先低飞并将双翼收起；猛兽捕获食物之前，一定是先收缩双耳，俯伏在地上；圣人要采取行动的时候，必定是大智若愚，不引人注意。

【原文】

“今彼殷商，众口相惑，纷纷渺渺[1]，好色无极。此亡国之征也。吾观其野，草菅胜谷[2]。吾观其众，邪曲胜直。吾观其吏，暴虐残贼[3]。败法乱刑，上下不觉。此亡国之时也。大明发而万物皆照[4]，大义发而万物皆利，大兵发而万物皆服。大哉圣人之德，独闻独见。乐哉！”

【注释】

〔1〕纷纷渺渺：纷乱不已的样子。

〔2〕草菅：野草。

〔3〕残贼：残忍狠毒。

〔4〕大明：指太阳。

西周前期·太保戈　1964年河南洛阳北窑村西周墓出土。洛阳市文物工作队藏。通长23.8厘米，援宽4厘米，内宽2.8厘米。内正面铸“太保”二字，背面铸字。太保当是太保召公的次子。

【译文】

“现在的商朝，民众相互猜疑，一切杂乱无章，商王好色而无止境。这是亡国的征兆。我看那里的田地，杂草比五谷长得还茂盛。我观察其国家的百姓，邪恶不正之人超过了正直善良的人。我看那里的官吏，比盗贼还要暴虐。法纪败坏，刑罚混乱，而君臣上下竟然不知。这正是亡国的时候。太阳一出，天下万物都被照耀；正义的事情一开始，天下万物都可以因此而获利；正义的大军已出发，天下万物都会降服。太伟大了！圣人的道德太高尚了，能达到这种先知先觉的境界。这真是快乐的事情！”

文启第十四

【原文】

文王问太公曰：“圣人何守？”

太公曰：“何忧何啬[1]，万物皆得；何啬何忧，万物皆遒[2]。政之所施，莫知其化；时之所在，莫知其移。圣人守此而万物化，何穷之有？终而复始！

“优之游之[3]，展转求之[4]；求而得之，不可不藏；既以藏之，不可不行；既以行之，勿复明之。夫天地不自明，故能长生；圣人不自明，故能名彰[5]。

“古之圣人聚人而为家，聚家而为国，聚国而为天下，分封贤人以为万国，命之曰‘大纪’。陈其政教，顺其民俗，群曲化直[6]，变于形容[7]，万国不通[8]，各乐其所，人爱其上，命之曰‘大定’。呜呼！圣人务静之[9]，贤人务正之。愚人不能正，故与人争。上劳则刑繁，刑繁则民忧，民忧则流亡。上下不安其生，累世不休，命之曰‘大失’。

“天下之人如流水，障之则止[10]，启之则行，静之则清。呜呼！神哉！圣人见其所始，则知其所终。”

【注释】

〔1〕何忧何啬：既不忧虑什么，又不制止什么，一切听其自然。

〔2〕遒：强劲、坚固，此处指繁荣滋长。

〔3〕优之游之：悠闲自得的样子。

〔4〕展转：形容寝卧不安、翻来覆去。

〔5〕彰：明显，鲜明。

〔6〕曲：邪僻、奸邪不正。

〔7〕变于形容：这里是移风易俗的意思。

〔8〕通：即“同”，统一、一致的意思。

〔9〕静：清静无为。

〔10〕障：阻碍、阻塞。

【译文】

文王问太公说：“圣人治理天下应遵循什么原则？”

太公说：“圣人不须忧虑什么，不须节制什么，天下万物都获得；不加节制，也不用担忧，万物自然会繁荣滋长。政令施行，没有人知道它潜移默化的作用；就如时间的推移那样它在移动。圣人遵守这一规律（无为而治）办事，万事万物自然会潜移默化。如此循环往复，永无穷尽。

“圣人优游自如，无为而治的治国之道，应当孜孜不倦地去探求；求索到了，须藏之于胸；既然已藏于心中，那就不可不去实行；既然已经实行，那也无需将其中的奥秘昭告天下。天地并不宣告自己的运行规律，而万物自会按其规律生长发育；圣人不自我炫耀，所以声名卓著。

“古时的圣人治理国家时，将许多人聚在一起组成家，聚集许多家庭组成邦国，聚集许多邦国组成天下，分封贤人为各国诸侯，把这一切命名为‘大纪’，

春秋·梁伯戈　现藏于北京故宫博物院，长17.5厘米，宽9.4厘米，重280克。穿旁正反两面共有铭文2行14字：抑鬼方，抑攻方，梁伯作宫行元用。铭文记述梁伯做的是近卫部队使用的戈，用来对付攻方敌人。

意思是统驭天下的纲纪。对各诸侯国，要宣扬圣贤的政教，顺应民俗，变邪僻之风为正直的风气，以实现移风易俗。各诸侯国习俗虽然不同，但百姓都能安居乐业，人人都敬爱年长者，这叫作‘大定’，意思是天下太平。啊！圣人用清静无为来治理天下，贤君用正己正人来治理天下，愚昧的君主不能正己也不能治人，所以与民相争。君主政令繁多，就要使用多种刑罚；刑罚过多，人民就会忧惧；人民忧惧就会流散逃亡。如果达到了上下不安的地步，并持续几代人的时间，这叫作‘大失’，即政令造成了重大失误。

“天下人心所向，如流水一样，阻塞它就会停止，引导它就会畅通，使它静下来，就会清澈不浊。啊！人心的去向，真是神秘莫测！圣人只要看到它的开始，就能预知它产生什么样的结局。”

【原文】

文王曰：“静之奈何？”

太公曰：“天有常形〔1〕，民有常生〔2〕，与天下共其生而天下静矣。太上因之，其次化之。夫民化而从政〔3〕，是以天无为而成事，民无与而自富，此圣人之德也。”

文王曰：“公言乃协予怀，夙夜念之不忘，以用为常〔4〕。”

【注释】

〔1〕常形：指春生、夏长、秋收、冬藏等经常性现象。

〔2〕常生：指最基本的经常性生计活动。

〔3〕从政：言服从政令，驯从于统治。从，顺从、服从。

〔4〕常：基本原则。

【译文】

文王说：“如何才能使人心安静呢？”

太公说：“天有其运行的法则，百姓也有正常的生产、生活准则，能与天下百姓一道安于生业，天下就会太平安静了。最好的政治是顺应天道人心来治理人民，其次是教化百姓从善。百姓接受教化就会听从政令，所以天道‘无为’却能成就万事万物，百姓不需施舍，也自然会富足。这就是圣人治理天下的德政。”

文王说：“您说的正合我意，我将朝思夜想，永志不忘，用它作为治理天下的准则。”

文伐第十五

【原文】

文王问太公曰："文伐之法奈何[1]？"

太公曰："凡文伐有十二节：

【注释】

〔1〕文伐：以非军事手段对敌人进行打击。

【译文】

周文王问姜太公说："应如何以非军事手段谋取胜利？"

姜太公回答说："用非军事手段谋取胜利的方法共有十二种：

【原文】

"一曰，因其所喜，以顺其志。彼将生骄，必有奸事[1]。苟能因之，必能去之。

"二曰，亲其所爱，以分其威。一人两心，其中必衰[2]。廷无忠臣，社稷必危。

"三曰，阴赂左右，得情甚深。身内情外，国将生害。

"四曰，辅其淫乐[3]，以广其志，厚赂珠玉，娱以美人。卑辞委听[4]，顺命而合。彼将不争，奸节乃定[5]。

"五曰，严其忠臣[6]，而薄其赂，稽留其使[7]，勿听其事。亟为置代[8]，遗以诚事[9]，亲而信之，其君将复合之。苟能严之，其国可谋。

"六曰，收其内[10]，间其外[11]，才臣外相[12]，敌国内侵，国鲜不亡。

"七曰，欲锢其心[13]，必厚赂之，收其左右忠爱，阴示以利，令之轻业[14]，而蓄积空虚。

"八曰，赂以重宝，因与之谋，谋而利之。利之必信，是谓重亲[15]。重亲之积，必为我用。有国而外，其地大败[16]。

"九曰，尊之以名，无难其身，示以大势，从之必信。致其大尊，先为之荣，微饰圣人[17]，国乃大偷[18]。

“十曰，下之必信[19]，以得其情，承意应事[20]，如与同生。既以得之，乃微收之[21]，时乃将至，若天丧之。

“十一曰，塞之以道[22]。人臣无不重富与贵，恶死与咎，阴示大尊，而微输重宝，收其豪杰。内积甚厚，而外为乏。阴纳智士，使图其计；纳勇士，使高其气[23]。富贵甚足，而常有繁滋[24]。徒党已具，是谓塞之。有国而塞，安能有国？

“十二曰，养其乱臣以迷之[25]，进美女淫声以惑之[26]，遗良犬马以劳之，时与大势以诱之，上察而与天下图之[27]。

【注释】

〔1〕“奸”字原文作“好”，据《汇解》改。

〔2〕中：指内心的忠诚。衰：削弱，减弱。

〔3〕辅：辅助，助长。

〔4〕卑辞：谦卑的言辞。委听：委曲听从。

〔5〕奸节：奸邪的行为。

〔6〕严：尊重。

〔7〕稽留：拖延时间。使：使者。

〔8〕亟(jí)：尽快，马上。置代：替代，替换。

〔9〕遗(wèi)：赠与，本篇指告诉、透露。

〔10〕内：指朝中的大臣。

〔11〕外：指出征或驻守在外的大臣。

〔12〕相：帮助，协助。

〔13〕锢：禁锢，此指控制。

〔14〕轻业：忽视农业生产。

〔15〕重亲：情谊深厚，亲上加亲。

〔16〕败：衰败。

〔17〕微饰：巧妙地装扮。

〔18〕偷：懈怠，懒惰。

〔19〕下：降低身份，以示恭顺。

〔20〕承意：秉承其意旨。

〔21〕收：控制，操纵。

〔22〕塞：闭塞，隔绝。

〔23〕气：勇气，斗志。

〔24〕繁滋：繁衍滋生，引申为发展壮大。

〔25〕乱臣：祸乱朝政的奸臣。

〔26〕淫声：使人意志消沉的音乐。

〔27〕上察：观察天时，把握时机。

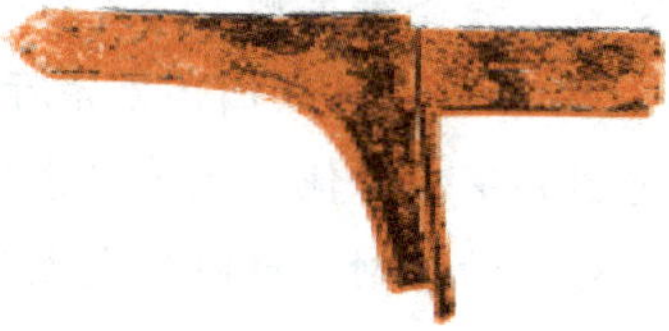

春秋·秦子戈　现藏于北京故宫博物院，长23.1厘米，宽11.5厘米，重240克。上刻划铭文15字：秦子作造，中辟元用，左右师鮭，用逸。宜。记秦子（秦子指初即位的幼君）做戈，秦君自用，左右两军，迅速出动。宜地（"宜"为地名）所造。

【译文】

"第一，依敌国君主的喜好，顺从他的要求。这样，敌国君主就会放松警惕，滋生骄纵情绪，必然做出邪恶不轨的事。如果利用这种形势，必能消灭敌国。

"第二，设法拉拢、亲近敌国君主的宠臣，以削弱敌国君主的权威。如果一个人怀有二心，那么他对国君的忠诚必然会逐渐减少。敌国的朝廷中若没有了忠臣，国家也就很危险了。

"第三，暗中去贿赂敌国君主的近臣，与他们建立深厚的友谊，使这些人身在敌国国内而心向国外，国家必将遭受祸害。

"第四，引导敌国国君纵情于声色，送给大量的珠宝玉石，再送给他供娱乐的美女。与他交往时使用谦卑恭维的辞令，顺从他的意思和听候他的命令以迎合他的心意，这样，他将会松懈与我们相争的斗志，去大胆地享受和淫乐。

"第五，尊敬敌国的忠臣，只给他微薄的礼物。如果他作为使臣出使我国，就故意拖延，不予答复，使他不能完成君主交给的使命，使敌国国君尽快地派遣别的使者以代替他，对新来的使者，要告诉他一些真实情况，以示友好，诚心结交，使他得以完成使命，而且下次谈判时，敌国国君定会仍派他来。这样做，敌国的国君就会疏远自己的忠臣，我们就可以伺机夺取他的国家了。

"第六，拉拢、收买敌国朝廷中的大臣，离间君主与外臣的关系，使敌国君臣内外离心，有才能的大臣都为外国出力，敌对国家又要侵袭，这样的国家没有不灭亡的。

"第七，要牢牢控制敌国君主的思想，就须以重礼赠送他，打消他对我们的猜忌，同时还要收买他的左右近臣，在暗中答应给他们种种好处，这样就使敌国的君臣只贪图我们的礼物，而忽视国内的各种生产，以形成国库空虚的局面。

"第八，以重金贿赂敌国的大臣，以获取他的信任，以便乘机同他筹划，并使计划对他有利。他得到好处后，会对我更加相信，认为同我建立了非常牢固的关系。这种关系进一步发展，敌国大臣必定会为我所利用。作为敌国大臣为我国所利用，那么这国家必定会受到非常严重的削弱。

"第九，维护敌国国君的形象，使他在虚荣心方面得到满足，使他觉得拥有了至高无上的权势，顺从他并装出诚心诚意的样子，再把最尊贵的尊号送给他，又事先对他大加吹捧，巧妙地把他比成圣人，他就会忘乎所以，这样的国家必定会逐渐衰败。

“第十，对敌国国君表示谦卑诚信，这样才能得到他的真心，并按照他的意图办事，和他如兄弟般亲密无间，在取得敌国君主的信任以后，要慢慢地加强对他的控制，待时机成熟时，以上天的名义将其灭亡。

“第十一，须设法堵塞敌国国君的信息来源，使他不知道真实情况。作为人臣，没有不贪图富贵而害怕灾祸与死亡的，暗中推崇敌国国君的名望，再以一些珍宝去收买敌国的豪杰之士。国内要积蓄大量的财富，而对外又要显得物用匮乏。私下里招纳智谋之士，使他们为自己出谋献策，再招纳英勇之士，使他们斗志高昂；让这些人拥有财富和地位，人数就会不断增加，在我国和敌国都有愿意为我效力的人，就能堵塞敌国国君的信息来源。这样，敌国国君虽然统治着这个国家，但他耳目闭塞，怎么还能维持下去呢？

“第十二，扶植、支持敌国的奸邪之臣，以迷乱敌国君主的心智，进献美女淫声以迷惑敌国国君的意志，再送给他良犬骏马，使他因过分贪玩而体力疲劳，再经常夸赞其权势无比，然后，看准时机与天下人一起将其消灭。

【原文】

“十二节备，乃成武事。所谓上察天，下察地，征已见〔1〕，乃伐之。”

【注释】

〔1〕见：同“现”。

【译文】

“这十二种非军事手段都成功地运用，就可进一步采取军事行动了，这就是经常说的天时、地利，待天时地利同时显现，就可以出兵征伐了。”

顺启第十六

【原文】

文王问太公曰：“何如而可为天下〔1〕？”

太公曰：“大盖天下〔2〕，然后能容天下；信盖天下，然后能约天下；仁盖天下，然后能怀天下；恩盖天下，然后能保天下；权盖天下，然后能不失天下；事而不疑，则天运不能移〔3〕，时变不能迁。此六者备，然后可以为天下政。

【注释】

〔1〕为：此指治理。

〔2〕大：此指器量、度量。盖：覆盖，包容。

〔3〕天运：即天命，气数。

【译文】

周文王问姜太公说："如何才能治理好天下？"

姜太公回答说："胸怀能够包容天下，然后才能够容纳整个天下；诚信覆盖整个天下，然后才能去管理天下；仁爱覆盖整个天下，然后才能使众心归服；恩惠覆盖整个天下，然后才能够保有天下；权势覆盖整个天下，然后才能保证不会丢失天下；遇事果断，那么天命和时势都无法予以改变。这六个方面的条件都具备了，然后可以治理天下政事。

【原文】

"故利天下者，天下启之；害天下者，天下闭之；生天下者，天下德之；杀天下者，天下贼之[1]；彻天下者[2]，天下通之；穷天下者，天下仇之；安天下者，天下恃之；危天下者，天下灾之。天下者非一人之天下，惟有道者处之。"

【注释】

〔1〕贼：毁坏，毁灭。

〔2〕彻：通彻，贯通。

【译文】

"所以，为天下人谋利的，天下人都会推崇他；凡是使天下人遭受损害的，天下人都会反对他；能够使天下人生活富足安定的，天下人都会对他感恩戴德；凡是要毁灭天下人的，天下人就会毁灭他；能够为天下人谋福利的，天下人就会在事业上支持他，使他畅通无阻；凡是使天下人走投无路的，天下人就会与他作对，把他当作仇敌；凡是能使天下百姓安居乐业的人，天下百姓都会依靠他；凡是对天下人造成危害的，天下人就会把他视为灾星，天下人就如同躲避灾害一样避开他。天下并不是一个人的天下，只有得道的人才会得到天下。"

三疑第十七

【原文】

武王问太公曰："予欲立功，有三疑：恐力不能攻强、离亲、散众[1]，为之奈何？"

太公曰：“因之[2]，慎谋，用财。夫攻强，必养之使强，益之使张[3]。太强必折，太张必缺。攻强以强，离亲以亲，散众以众。

【注释】

〔1〕散众：指分化瓦解敌人的军队。

〔2〕因：顺应、利用。因之，意谓因势利导。

〔3〕张：此处用以比喻骄傲自满、忘乎所以。

【译文】

武王问太公说：“我想建功立业，只是有三点疑虑：恐怕力量不足以进攻强敌；不能离间敌国军臣关系；不能使敌国军心涣散，对此该怎么办呢？”

姜太公说：“一是因势利导，二是慎用计谋，三是巧用钱财。要进攻强敌，必先助长他的骄横凶蛮，使它更加骄横张狂。过于强横必遭挫折；过于张狂，必然失败。要进攻强大的敌人，必先助长它的强暴；要离间敌人的亲信，必先收买敌人的亲信；涣散敌国的军心，必先利用敌国民众。

【原文】

“凡谋之道，周密为宝。设之以事[1]，玩之以利[2]，争心必起。

“欲离其亲，因其所爱[3]，与其宠人，与之所欲，示之所利，因以疏之[4]，无使得志。彼贪利甚喜，遗疑乃止。

【注释】

〔1〕设：此处是约许、许诺的意思。

〔2〕玩：玩弄，这里引申为引诱、操纵。

〔3〕因其所爱：因，根据、凭借。爱，爱好、兴趣。

〔4〕因以疏之：通过上述手段来疏远敌方君臣关系。

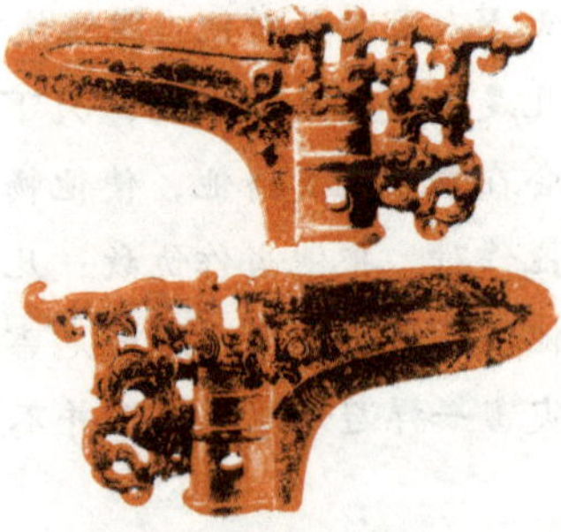

春秋·邗王是野戈　现藏北京故宫博物院，通高6.9厘米，宽14.9厘米，重240克。吴国兵器。援两面有8字铭文：邗王是野，作为元用。意为吴王是野做此自用戈。

【译文】

“运用谋略，最重要的是考虑周到、保守秘密，以封官许愿俘虏敌人，以利益引诱敌人，敌人内部争权夺利的纷争必定起来。

要想离间敌国君臣，应从敌国君主所宠爱的佞臣着手，称赞敌国君主所宠爱的佞臣，送给这些宠臣想得到的东西，许给他们以丰厚的利益，使这些人去离间敌国君主和贤臣的关系，不让敌国的贤臣得志。他们贪得这些利益后十分高兴，对于投靠我们的顾虑，也就打消了。

【原文】

“凡攻之道，必先塞其明，而后攻其强，毁其大，除民之害。淫之以色〔1〕，啗之以利〔2〕，养之以味，娱之以乐。

“既离其亲，必使远民，勿使知谋，扶而纳之〔3〕，莫觉其意，然后可成。

【注释】

〔1〕淫之以色：淫，迷惑、惑乱。色，女色、美色。

〔2〕啗：吃、喂，此处引申为引诱。

〔3〕扶而纳之：指用各种方式促使敌人入我之圈套。

【译文】

“攻击强敌的方法：首先须闭塞敌国君主的耳目，使他不知真实的情况，然后才能进攻他强大的军队，摧毁他庞大的国家，为民众除害。可用美色淫乐他，用厚利引诱他，用美味供养他，用靡靡之音迷乱他。

“既然已经离间了敌国君主同他的亲信大臣的关系，必然会使他疏远民众，但不要使他知道这是我们的离间计，诱使他进入我们的圈套，没有谁察觉我们的意图，然后大事可望成功。

【原文】

“惠施于民，必无爱财。民如牛马，数食喂之〔1〕，从而爱之。

“心以启智〔2〕，智以启财，财以启众，众以启贤。贤之有启，以王天下。”

【注释】

〔1〕喂：古代兵家视民众如牛羊，所以这么说。

〔2〕启：发动、疏通，这里可理解为产生。

【译文】

“对敌国广大百姓要施以恩惠，不要吝惜财物。百姓如牛马一样，关心他们，就能使他们顺从、亲近。

“用心思考探求，就能启迪智慧，有了智慧，就可积累财富，财富可以养育民众，民众可以涌现贤才。贤才涌现出来，就可以辅佐君王统一天下。”

龙　韬·王翼第十八

【原文】

武王问太公曰："王者帅师，必有股肱羽翼[1]，以成威神，为之奈何？"

太公曰："凡举兵帅师，以将为命[2]。命在通达，不守一术。因能受职[3]，各取所长，随时变化，以为纲纪。故将有股肱羽翼七十二人，以应天道。备数如法，审知命理[4]，殊能异技，万事毕矣。"

【注释】

〔1〕股肱羽翼：比喻得力的辅佐和帮手。股，大腿。肱(gōng)，手臂从肘至腕的部分。

〔2〕命：命脉，关键，首脑。

〔3〕受：通"授"。

〔4〕命理：天命和事理。

【译文】

周武王问姜太公说："国君统帅军队，身边必定要有一些贤人来辅佐，用以造成威严和至高无上，在气势上神机莫测，应该怎么去施行呢？"

姜太公回答说："大凡统兵兴师，必须由将领统帅全军。作为一军的统帅，应该是精通各种知识的全才，而不是只精通某一种知识；作为一军的统帅，应该善于选拔和发现人才，并根据他们的能力授予合适的职务，充分地使他们发挥自己的长处，并依据形势的变化作及时的调整，以此作为用人的准则。所以，在主将手下需有七十二位起股肱羽翼作用的人作为辅佐人员，这样正和天道的七十二候相对应。把编制确定下来，又清楚地明白天道和事情变化的道理，将有特殊才能和技艺的人聚集在自己身边，这样，一切都具备了。"

【原文】

武王曰："请问其目[1]？"

太公曰："腹心一人，主潜谋应卒，揆天消变[2]，总揽计谋，保全民命；

"谋士五人，主图安危，虑未萌，论行能，明赏罚，授官位，决嫌疑，定可否；

“天文三人，主司星历，候风气[3]，推时日，考符验[4]，校灾异，知人心去就之机；

“地利三人，主三军行止形势，利害消息，远近险易，水涸山阻，不失地利；

“兵法九人，主讲论异同，行事成败，简练兵器，刺举非法；

“通粮四人，主度饮食，备蓄积，通粮道，致五谷，令三军不困乏；

“奋威四人，主择材力，论兵革[5]，风驰电掣，不知所由；

“伏旗鼓三人，主伏旗鼓，明耳目，诡符印，谬号令，暗忽往来，出入若神；

“股肱四人，主任重持难，修沟堑，治壁垒，以备守御；

“通材三人，主拾遗补过[6]，应偶宾客[7]，议论谈语，消患解结；

“权士三人，主行奇谲，设殊异，非人所识，行无穷之权；

“耳目七人，主往来听言视变，览四方之士[8]，军中之情；

“爪牙五人，主扬威武，激励三军，使冒难攻锐，无所疑虑；

“羽翼四人，主扬名誉，震远方，摇动四境，以弱敌心；

“游士八人，主伺奸候变，开阖人情[9]，观敌之意，以为间谍；

“术士二人，主为谲诈，依托鬼神，以惑众心；

“方士二人，主百药，以治金疮[10]，以痊万病；

“法算二人，主计会三军营垒[11]、粮食、财用出入。”

【注释】

〔1〕目：指详细情况。

〔2〕揆（kuí）：观测，揣度。天：天象，天意。变：上天所警示的灾异现象。

〔3〕候：观察，占验。风气：风向和天象。

〔4〕符验：指上天的预兆与人事的应验。

〔5〕论：通“抡”，选择。兵革：兵器和盔甲。

〔6〕拾遗：指出尊长者的疏漏和失误。

〔7〕应偶：应对，应酬。宾客：指敌国或盟国的使者。

〔8〕士：通“事”。

〔9〕开阖：开启与关闭，此指控制。

〔10〕金疮：金属兵器所造成的创伤。

〔11〕计会(kuài)：计算，核算。

【译文】

周武王接着问：“编制如何解释呢？”

姜太公回答说：“挑选一人作为心腹，负责在暗中帮助统帅进行策划，应付各种突变，测度天象，窥测天意，掌握策略变化，以保全百姓的生命安全。选取谋士五人，主要负责谋划如何才能保证全军的安全，避免处于危险境地，提前对将要发生的事情进行考虑，以便防范于未然，并且评议诸位将领和士兵的能力，使统帅对部属赏罚分明，根据其才能授予相应的官职，帮助主将解决疑难问题，确定计划方案的可行与否。选通晓天文者三人，负责观察星象历数，观测风云气象，推算日期时辰的吉凶，考察验证人事是否和天意相合，研究灾异发生的原因，窥测人们内心发生变化的原因。选通晓地理者三人，负责行军路线的确定和三军驻扎的地理形势，说明各种地势的利害关系，是远是近，是险要还是平坦，在哪些地方军队容易缺水，在哪些地方行军有高山阻拦，这样我们就不会失去在地理上的优势。选精通兵法者九人，负责研究各种兵法有何异同，在各种形势下，运用各种兵法获得成功或者失败的原因，并且根据兵法精心选择兵器，还要检举揭发军中的违法乱纪行为。选通粮者四人，负责计划饮食供给，筹备积蓄，并保证粮道的畅通无阻，使粮食按时送到军中，保证军队粮食的充足供应。选择四人任奋威，负责选拔具有勇往直前精神的人，选择使用最有利的兵器，出击像风驰电掣一般，使出乎敌人意料之外。选择三人熟练地掌握旗鼓变化的方法，能使全军按照旗鼓的变化统一行动，使全军进退起伏有序，故意发布一些假的传达命令的凭证和一些错误的号令，突然变化，神出鬼没。选择股肱四人，负责重点工程的规划，主持修建战地工事，挖掘战壕，营建壁垒，作为防御敌军之用。选三人任通材，负责提出和解决将帅忽略了的事项，接待其他国家的使者宾客，和他们进行谈判，以消除双方的误会，建立友好的关系。选权士三人，负责策划一些高妙的计谋，使别人看不出统帅的意向，这样，就可以随心所欲地进行权变。选七人任耳目，负责探听各种消息和变化，搜集四面八方的情况，以

战国·人首戈　长17.3厘米，阑9.5厘米，戈体单面阳铸有人首。

及军队内部的事情。选五人担任爪牙，负责使军威雄壮强大，鼓励士兵，使全军将士面对强敌而毫无畏惧，勇往直前。选四人做羽翼，负责宣扬我军的威名，使远方震惊，动摇敌方军心，削弱敌军斗志。选游士八人，负责侦察敌方派出的间谍，观察敌军内部发生的变化，掌握人心的动向，观察敌人的意图，担任我方的间谍。选二人做术士，负责故做一些怪异、依托鬼神之事，以迷惑敌方军心。选方士二人，负责药物的管理，治疗兵器造成的外伤，医治好各种病症。选二人任法算，主要负责军队的营房、粮食、财物等收支账目。”

论将第十九

【原文】

武王问太公曰：“论将之道奈何？”

太公曰：“将有‘五材’、‘十过’[1]。”

武王曰：“敢问其目[2]？”

太公曰：“所谓‘五材’者，勇、智、仁、信、忠也。勇则不可犯[3]，智则不可乱，仁则爱人，信则不欺，忠则无二心。

【注释】

〔1〕五材、十过：指将帅的五种优秀才能和十种致命过错。

〔2〕目：细节、细目。

〔3〕犯：凌侮、侵犯。

【译文】

武王问太公：“评论将帅的标准是什么？”

太公说：“将帅应具备五种美德，避免十种易犯缺点。”

武王说：“请问具体内容又是什么呢？”

太公说：“所谓五种美德是：勇敢、明智、仁慈、诚信、忠实。将帅的品格中具备勇敢，就不可侵犯，明智就不会被扰乱，仁慈就会爱人，诚信就会表里如一，忠实就不会怀有二心。

商·长脊宽翼铜镞　镞即箭头。青铜镞是安装在箭杆前端的锋刃部分，用弓弦弹发可射向远处。青铜镞在二里头文化时期就已出现，属最早出现的青铜兵器之一。其形制较多，主要有双翼、三翼与三棱三类，战国时期，远射的三棱矢镞已改成铁铤。

【原文】

“所谓‘十过’者，有勇而轻死者，有急而心速者，有贪而好利者，有仁而不忍人者[1]，有智而心怯者，有信而喜信人者，有廉洁而不爱人者，有智而心缓者，有刚毅而自用者[2]，有懦而喜任人者[3]。

【注释】

〔1〕仁而不忍人者：指将帅过于仁慈而对军队中各种不良现象流于姑息。

〔2〕自用：自以为是，刚愎自用。

〔3〕任人：没有主见，依赖别人。

【译文】

“所谓十种缺点是：勇猛而轻于冒险，不爱惜生命，暴燥而急于求成，贪婪而好利，仁慈而姑息养奸，聪明而胆力不足，诚信而会轻信于人，廉洁而刻薄，多谋而犹豫不决，坚强而刚愎自用，懦弱而只可依赖他人成事。

【原文】

“勇而轻死者可暴也[1]，急而心速者可久也[2]，贪而好利者可遗也[3]，仁而不忍人者可劳也，智而心怯者可窘也[4]，信而喜信人者可诳也[5]，廉洁而不爱人者可侮也，智而心缓者可袭也，刚毅而自用者可事也，懦而喜任人者可欺也。

【注释】

〔1〕暴：突然、急速，此处指突然袭击。

〔2〕久：这里指持久作战，以消磨敌之锐气。

〔3〕遗：贿赂、收买。

〔4〕窘：困窘，此处是胁迫、使之屈服的意思。

〔5〕诳：欺骗、欺诈。

【译文】

“勇敢而轻率冒险的，可以被激怒，丧失理智；暴躁而急于求成的，可用持久战拖垮他；贪婪而好利的，可以贿赂他；仁慈而流于姑息的可以疲惫他；聪明而胆小怕事的，可以胁迫他；诚实而轻信别人的，可以欺骗他；廉洁而近于刻薄的，可以轻侮他；多谋却犹豫不决的，可以突袭他；坚强而刚愎自用的，可以用言辞奉承他，骄纵他；懦弱而好依赖别人的，可以哄骗他。

【原文】

“故兵者，国之大事，存亡之道，命在于将。将者，国之辅，先王之所重也，故置将不可不察也。故曰：兵不两胜[1]，亦不两败[2]。兵出逾境，期不十日，不有亡国，必有破军杀将。”

武王曰：“善哉！”

【注释】

〔1〕两胜：双方都得到胜利。

〔2〕两败：敌我双方均告失败。

【译文】

“战争，是国家的大事，关系到生死存亡，国家的命运就掌握在将帅手里。将帅，就是国家的辅佐，历代君王所重视的，所以任用将帅须特别慎重、仔细考察。所以说，战争的双方不可能都胜，也不可能双方都败。只要军队越出国境，不超过十天，不是某个国家被灭亡了，就是某支军队被打败，将帅被杀头了。”

武王说：“您讲得太深刻了！”

选将第二十

【原文】

武王问太公曰：“王者举兵，欲简练英雄[1]，知士之高下，为之奈何？”

太公曰：“夫士外貌不与中情相应者十五[2]：有贤而不肖者，有温良而为盗者，有貌恭敬而心慢者，有外廉谨而内无至诚者，有精精而无情者[3]，有湛湛而无诚者[4]，有好谋而不决者，有如果敢而不能者，有悾悾而不信者[5]，有恍恍惚惚而反忠实者[6]，有诡激而有功效者[7]，有外勇而内怯者，有肃肃而反易人者[8]，有嗃嗃而反静悫者[9]，有势虚形劣而外出无所不至、无所不遂者。天下所贱，圣人所贵。凡人莫知，非有大明，不见其际[10]，此士之外貌不与中情相应者也。”

【注释】

〔1〕简练：精心选拔。

〔2〕中情：内情。

〔3〕精精：指精明强干。

〔4〕湛湛：水清澈貌。此处引申为敦厚。
〔5〕悾悾：形容诚恳真挚。
〔6〕恍恍惚惚：知觉迷乱精神恍惚之貌，可理解为犹豫动摇。
〔7〕诡激：奇异古怪的辩论。
〔8〕肃肃：严正之貌。
〔9〕嗃嗃：严厉、冷酷貌。悫：诚恳。
〔10〕其际：这里是“实情”的意思。

商·长脊短翼铜镞　江西省博物馆藏，通长8.4—9厘米，翼宽4.3—4.9厘米。这种镞锋角锐，刃微弧，翼镂空，边斜折，中隆起，脊呈菱形，翼角尖锐，铤长于翼。

【译文】

武王问太公说：“君王举兵兴师，要细心挑选品行、才能出众的人为将帅，想知道德才的高下，应该怎么办？”

太公说：“士的外表和内在不一致的情况有十五种：有的表面上看德才兼备实则不肖；有的外貌看似善良而实为盗贼；有的外似恭敬而内实傲慢；有的外貌廉谨而内心不真诚；有的外表看起来精明而内无真才实学；有的外表浑厚而内心并不诚实；有的外多智谋而内却不善决断；有的外表好像果敢而实际上无所作为；有的外表似很老实而实无信用；有的外表犹豫动摇但行动起来却忠实可靠；有的言辞过激而做事却有功效；有的貌似勇敢而实际上怯懦；有的外表严肃而实际上平易近人；有的外貌严厉而内心却温和厚道；有的外表虚弱相貌丑陋而受命出使却没有到不了的地方，没有办不成的事。天下被普通人所瞧不起的人，圣明的君主却器重他们。这是一般人所不能知道的，非有特殊的眼光不能发现。这就是士的外表和内在不一致的种种情况。”

【原文】

武王曰：“何以知之？”

太公曰：“知之有八征〔1〕：一曰问之以言以观其辞，二曰穷之以辞以观其变〔2〕，三曰与之间谍以观其诚，四曰明白显问以观其德，五曰使之以财以观其廉，六曰试之以色以观其贞，七曰告之以难以观其勇，八曰醉之以酒以观其态。八征皆备，则贤不肖别矣。”

【注释】

〔1〕征：八项征验、征兆。
〔2〕变：指随机应变的能力。

【译文】

武王说：“怎样才能知道这些人的真实品性呢？”

太公说："有八种识别和验证的方法：一是提出问题，看他是否解释得清楚；二是详尽追问，看他的应变能力；三是通过间谍来侦察他，观察他是否忠诚； 四是明知故问，看他有无隐瞒，借以考察他们的品德；五是使他管理财物，看他是否廉洁；六是用女色考验他，看他是否具备严正操守；七是把困难和危险告诉他，看他是否有冒险犯难的勇气；八是使他醉酒，看他是否能保持常态。用这八种方法考验后，一个人是贤还是不肖，就可以十分清楚了。"

立将第二十一

【原文】

武王问太公曰："立将之道奈何？"

太公曰："凡国有难，君避正殿，召将而诏之曰：'社稷安危，一在将军[1]。今某国不臣，愿将军帅师应之。'

"将既受命，乃命太史钻灵龟[2]，卜吉日。斋三日，至太庙，以授斧钺[3]。

【注释】

〔1〕一：都，全。

〔2〕钻灵龟：古人在龟甲上用烧红的铜棍钻孔，然后观察其裂开的纹路，以判定吉凶。

〔3〕斧钺(yuè)：古代军中的两种行刑兵器，后成为军队权力的象征。

【译文】

周武王问姜太公说："任命将帅的办法是怎样的？"

姜太公回答说："当国家遇到危难时，国君应该离开正殿，在偏殿召见将要被立为主将的人，告诉他：'国家的安危全在将军一人了。现在有某国不肯归顺，挑起了战争，希望将军统率军队征伐它。'

"主将既已接受了诏命，国君就令太史钻龟甲进行占卜，选择吉利的日期。接着国君要斋戒三天，然后到太庙主持立将仪式，将斧钺授予主将。

【原文】

"君入庙门，西面而立。将入庙门，北面而立。君亲操钺，持首[1]，授将其柄，曰：'从此上至天者，将军制之。'复操斧柄，授将其刃，曰：'从此下至渊者，将军制之。见其虚则进，见其实则止。勿以三军为众而轻敌，勿以受命为重而必

死，勿以身贵而贱人[2]，勿以独见而违众[3]，勿以辩说为必然。士未坐勿坐，士未食勿食，寒暑必同。如此，则士众必尽死力。’

“将已受命，拜而报君曰：‘臣闻国不可从外治，军不可从中御。二心不可以事君，疑志不可以应敌[4]。臣既受命，专斧钺之威[5]，臣不敢生还，愿君亦垂一言之命于臣[6]。君不许臣，臣不敢将。’君许之，乃辞而行。

【注释】

〔1〕首：钺的头部。

〔2〕贱人：轻贱他人。

〔3〕独见：一己之见，个人意见。违众：违背众人的意见。

〔4〕疑志：指主将受到君主的干预，心存疑虑而不敢决断。

〔5〕专斧钺之威：指主将一人全权指挥军队。专，专权。

〔6〕垂：降，此指颁布诏命。

【译文】

“国君进入太庙正殿大门，处东向西而立。将军入到庙门，处南向北而立。国君亲自执钺，握着钺的上部，将钺柄授与主将，说道：‘自今日以后，上至于天，军中之事全由将军掌握。’再用手握住斧柄，让主将接住斧刃说：‘从今以后，下至于渊，军中的一切军务交由将军处置。看到敌军薄弱环节就进攻，遇到敌人的强大之处就停止进攻。不要以为我方人数多就轻视敌军；不要以为肩负的使命重大而决计以死殉国；不要以为自己身份地位高贵而鄙视他人；不要以为自己见解独到而强加于众人；不要把一切巧辩之词当作一定正确的理论；士卒未坐，你不可以先坐；士卒未食，你不可以先食；不分严寒酷暑，都必须和士卒同甘苦、共患难。只有这样，全军将士才会尽死力听命于你。’

春秋·矢镞　现藏北京故宫博物院，长7.5厘米，宽2.2厘米，重18.5克。西周时期可见带铤双翼镞，有的双翼还呈镂空状。春秋时期常见的形制有翼型和无翼型，其中翼型镞之双翼出现了收削的趋势。

“主将接受了国君的任命，然后下拜回答国君：‘臣听说，国家不能从境外进行统治，军队作战，也不应该由朝内来控制。作为臣子的如果怀有二心，就不可能忠心耿耿地侍奉国君；作为主将如果心意不定，就不能抵御敌军。臣既然已接受了君命，执掌斧钺，拥有军权，就不敢留有从战场上生还的念头，只希望国君您能授与我全部的权力。如果君主不应允，臣不敢担任主将职务。’君主应允了主将的要求，主将立即拜辞远征。

【原文】

“军中之事，不闻君命，皆由将出[1]。临敌决战，无有二心。若此，则无天于上[2]，无地于下[3]，无敌于前[4]，无君于后[5]。是故智者为之谋，勇者为之斗，气厉青云[6]，疾若驰骛[7]，兵不接刃，而敌降服。战胜于外，功立于内，吏迁士赏，百姓欢悦，将无咎殃。是故风雨时节，五谷丰熟，社稷安宁。”

武王曰：“善哉！”

【注释】

〔1〕出：指发号施令。

〔2〕无天于上：不受天时、气候等因素的制约。

〔3〕无地于下：不受地形、地貌等因素的制约。

〔4〕无敌于前：不受制于敌，掌握战场的主动权。

〔5〕无君于后：即不受君主的干预。

〔6〕厉：上扬。

〔7〕驰骛：奔驰的群马。

【译文】

“凡军中事务，可以不听从君主的命令，全部由主将来裁决。临敌决战，上下一心。如此，就可做到上不受制于天，下不受制于地；前无敌军敢于抵挡，后无君主随意发令。因此，足智多谋之士为主将出谋献策，勇敢无畏的将士为主将而奋战，使气势上冲云天，行动如奔马一样迅速，不等两军交战，敌人就降服了。军队在境外获胜，建功勋于国内，军吏加官晋级，士卒获得赏赐，百姓欢悦，主将没有祸灾。因此，风调雨顺，五谷丰登，江山社稷也就安宁了。”

周武王说：“您说的真是太好了！”

将威第二十二

【原文】

武王问太公曰：“将何以为威？何以为明？何以为禁止而令行？”

太公曰：“将以诛大为威[1]，以赏小为明[2]，以罚审为禁止而令行[3]。故杀一人而三军震者，杀之；赏一人而万人说者，赏之。杀贵大，赏贵小。杀及当路贵重之臣[4]，是刑上极也；赏及牛竖[5]、马洗[6]、厩养之徒，是赏下通也。刑上极，赏下通，是将威之所行也。”

【注释】

〔1〕诛大：诛杀地位尊贵的人。

〔2〕赏小：赏赐地位低微的人。

〔3〕审：详明、审慎，这里为适当。

〔4〕当路：即当途，指身居要职，执掌大权。

〔5〕牛竖：牧牛的僮仆。

〔6〕马洗：马夫。

【译文】

武王问太公说：“主将用什么方法树立威信，用什么方法体现贤明，用什么方法来实现令行禁止呢？”

太公说：“将帅用诛杀地位尊贵之人来树立威信，以奖赏地位低下的人来体现贤明，以赏罚严明来实现令行禁止。因此，杀一人能震慑三军，就杀掉他；奖赏一人能使万人悦服，就奖赏他。诛杀贵在诛杀地位高的人，奖赏贵在奖赏地位卑微的人。诛杀身居要职影响很大的人物，说明刑罚能及于最上层；奖赏能奖赏到牧牛喂马的僮仆，说明赏赐能达到最下层。刑罚能及于最上层，赏赐能达到最下层，将帅的权威也就树立了。”

励军第二十三

【原文】

武王问太公曰：“吾欲令三军之众，攻城争先登，野战争先赴，闻金声而怒[1]，闻鼓声而喜[2]，为之奈何？”

太公曰：“将有三武。”

武王曰：“敢问其目？”

【注释】

〔1〕金：军中的指挥工具，击之以发出停止进攻的命令。

〔2〕鼓：即战鼓，古代将领以擂鼓传达发起进攻的命令。

【译文】

周武王问姜太公说：“我想让三军将士，攻城时争先恐后地登城，在野外作战时争先冲锋，听到退兵的鸣金声就愤怒，听到进攻的战鼓声就高兴，应如何去做呢？”

姜太公回答：“将帅有三种办法。”

周武王又问：“这三种方法又如何解释呢？”

【原文】

太公曰：“将冬不服裘，夏不操扇，雨不张盖，名曰礼将。将不身服礼[1]，无以知士卒之寒暑。出隘塞，犯泥涂[2]，将必先下步，名曰力将。将不身服力，无以知士卒之劳苦。军皆定次[3]，将乃就舍；炊者皆熟，将乃就食；军不举火，将亦不举，名曰止欲将。将不身服止欲，无以知士卒之饥饱。将与士卒共寒暑、劳苦、饥饱，故三军之众，闻鼓声则喜，闻金声则怒。高城深池，矢石繁下，士争先登。白刃始合[4]，士争先赴。士非好死而乐伤也，为其将知寒暑饥饱之审，而见劳苦之明也。”

【注释】

〔1〕身：亲身，亲自。服：服习，习惯。

〔2〕犯：到达，进入。泥涂：泥泞的道路。

〔3〕次：指部队宿营。

〔4〕白刃：兵器的锋刃。合：交，接触。

战国后期·镞　通长5.3厘米。镞之横截面作三角形，狭刃，十分锋利。

【译文】

姜太公回答说：“作为主将，冬日再冷也不穿皮衣，夏日再热也不拿扇子，下雨天不撑伞，这就叫作礼将。主将不亲自去实践礼，就不了解士卒的冷热。通过狭窄险要的地段，进入泥泞沼泽之地，主将必定要率先下马步行，这就叫作力将。主将不亲自去体味艰辛，就不能了解士兵的劳苦。全军都安排妥当，主将才能入营帐休息，全军炊事全部完毕，主将才去进餐，军中不点火烧饭，主将决不点火做饭，这就叫作止欲将。主将不亲自体会克制的滋味，就不知士兵的饥饱。主将能与士卒同甘共苦，因此，全军将士听到进军的战鼓声则高兴，听到鸣金之声就愤怒。这样，即使城墙再高，城池再深，箭石再密集，全军将士也会争先恐后地奋勇直前。双方刀枪相见，士卒奋力冲杀，并非愿意死亡、乐意受伤，而是因为他们觉得主将知道他们的寒暑饥饱，知道他们所受之苦，故而才为之振奋，英勇杀敌。”

阴符第二十四

【原文】

武王问太公曰："引兵深入诸侯之地，三军卒有缓急，或利或害，吾将以近通远[1]，以中应外，以给三军之用，为之奈何？"

【注释】

〔1〕通：贯通，这里指通知、联络。

【译文】

武王问太公说："率军进入诸侯国境内作战，主力部队遇到紧急情况，战事或有利，或失利。我想通过捷径与前方沟通，从国内策应国外，以对我军进行援助，应该怎么办？"

【原文】

太公曰："主与将有阴符[1]，凡八等：有大胜克敌之符，长一尺；破军擒将之符，长九寸；降城得邑之符，长八寸；却敌报远之符，长七寸；警众坚守之符，长六寸；请粮益兵之符，长五寸；败军亡将之符，长四寸；失利亡士之符，长三寸。诸奉使行符，稽留者[2]，若符事泄，闻者、告者皆诛之。八符者，主将秘闻，所以阴通言语，不泄中外相知之术。敌虽圣智，莫之能识。"

武王曰："善哉！"

【注释】

〔1〕阴符：古代传达命令或征调军队用的凭证。君主与将领各执一半，以验真假。

〔2〕稽留：停留，耽误。

【译文】

太公说："君主与将帅之间有阴符秘密联系，共分八种：我军大胜，全歼敌人的阴符，长一尺；有击破敌军，擒获敌将的阴符，长九寸；有敌军投降献城、占领城邑的阴符，长八寸；有击退敌人，通报敌人已远逃的阴符，长

商·兽面纹青铜胄　胄即头盔。最初人们用兽角、兽皮和藤条制成头盔。目前出土最早的铜胄为商代青铜胄，皆用青铜整体范铸，饰有兽纹。铜盔也称胄，其形如帽，可以同时防护头顶、面部和颈部，盛行于商周时期。

七寸；有激励将士民众坚守的阴符，长六寸；有请求送粮食，增加兵力的阴符，长五寸；有军队战败，将领伤亡的阴符，长四寸；有报告战斗失利，士兵伤亡的阴符，长三寸。凡是奉命传递阴符的人，如果延误报告时限，或泄露了机密，听到机密和泄露机密的人都要处死。这八种阴符，只能由君主和将帅秘密掌握，是一种暗中通报消息，不泄露内外机密的通信方法，敌人即使聪明绝顶，也不能识破阴符的意思。”

武王说：“好啊！”

阴书第二十五

【原文】

武王问太公曰：“引兵深入诸侯之地，主将欲合兵[1]，行无穷之变[2]，图不测之利[3]。其事繁多，符不能明，相去辽远，言语不通，为之奈何？”

【注释】

〔1〕合兵：此指配合作战。

〔2〕无穷之变：指灵活多变的战略战术。

〔3〕不测之利：出乎敌人意料之外地取胜。

【译文】

周武王问姜太公说：“率兵深入敌境作战，如国君和主将打算集结军队，实施变化莫测的作战手段，取得敌人无法预料的胜利。但由于其间需要联系的事情很多，而仅凭阴符又很难准确地表达，两军相距甚远，不能直接进行交流，这时，应该如何处理呢？”

【原文】

太公曰：“诸有阴事大虑，当用书，不用符。主以书遗将，将以书问主。书皆一合而再离，三发而一知。再离者[1]，分书为三部。三发而一知者[2]，言三人人操一分，相参而不知情也[3]。此谓阴书。敌虽圣智，莫之能识。”

武王曰：“善哉！”

【注释】

〔1〕再离：两次裁开，即分为三部分。

〔2〕三发：分三次发出。一知：合而为一，才能知道阴书的内容。

〔3〕相参：指三部分阴书的文字相互参杂错乱。

【译文】

姜太公回答："那些需要保密的计谋和重大决策，应以秘密文书传达，就应使用书信以代替阴符。君主通过文书传达给将领，主将也以文书请示君主。所传递的书信，每一封都要裁两次，分三次送出，把三次发出的书信合起来才可知道书信的内容。裁两次，也就是分成三部分。分三次送出，把三次发出的书信合起来才了解其内容，就是派三人，各持一份，使信中的字体支离破碎，只看一份是难以知道其内容的。这就叫作阴书。即使敌人聪明绝顶，也不能识破阴书的秘密。"

周武王说："您讲的真是太好了！"

军势第二十六

【原文】

武王问太公曰："攻伐之道奈何？"

太公曰："势因敌家之动，变生于两陈之间，奇正发于无穷之源[1]。故至事不语，用兵不言。且事之至者，其言不足听也；兵之用者，其状不足见也[2]。倏而往[3]，忽而来，能独专而不制者，兵也。夫兵闻则议，见则图，知则困，辨则危。故善战者，不待张军；善除患者，理于未生[4]；善胜敌者，胜于无形；上战无与战。故争胜于白刃之前者，非良将也；设备于已失之后者，非上圣也；智与众同，非国师也；技与众同，非国工也[5]。事莫大于必克，用莫大于玄默，动莫神于不意，谋莫善于不识。夫先胜者，先见弱于敌，而后战者也，故事半而功倍焉。

【注释】

〔1〕无穷之源：智慧无穷无尽。

〔2〕其状不足见：用兵的形式不曾显露。

〔3〕倏：忽然。

〔4〕理于未生：指防患于未然。

〔5〕国工：一国的能工巧匠。

【译文】

武王问太公说："进攻作战应遵循什么原则呢？"

太公说："作战的态势是依敌人的行动而不断变化的，临机应变必须依交战双方阵势的变化而变化，奇兵正兵的熟练运用来源于将帅的无穷智慧。所以军事机密不能泄露，用兵的谋略不可言传，况且军队的指挥谋略，是难以用语言来表达清楚的，军队的部署也无法用言语来说明白。忽往忽来，独断专行而不受制于人，这是用兵的重要原则。敌人探听到我军兴兵，就会研究对付我军的策略；敌人发现了我军的行动，就会图谋歼灭我军；敌人了解了我军部署，就会对我军进行困扰；敌人辨明了我军虚实和动向，我会给我军带来很大的危害。所以，善于用兵的人，取胜于敌军展开阵势之前；善于消除患祸的人，能够制止患祸于萌芽之前；善于打胜仗的人，看不见取胜的痕迹；最高明的战法是不战而屈人之兵。所以，用拚死力战，在白刃战中取胜的将领不是最好的将领；在失利后再设防加强守备的人，不是最聪明的人；智谋一般的人，不能称之为国师；技艺与一般人相同的人，不能称之为国家的能工巧匠。军事上最重要的莫过于战则必胜；指挥上最重要的莫过于严守军事机密；行动上最重要的莫过于出敌不意；谋略上最重要的莫过于不被敌人识破。凡是未战而先胜的，都是先示弱于敌，而后攻敌，这样就可以事半而功倍。

【原文】

“圣人征于天地之动[1]，孰知其纪[2]。循阴阳之道，而从其候；当天地盈缩[3]，因以为常；物有死生，因天地之形[4]。故曰：未见形而战，虽众必败。

【注释】

〔1〕征：观察、揣度的意思。

〔2〕孰：即“熟”，熟悉、熟习，此处指反复探索。

〔3〕天地盈缩：指自然界盛衰变化，如四季的更替、日升月落等等。

〔4〕形：指盈缩变化。

【译文】

“圣人观察天地的变化，探求其中的规律。凭借阴阳的相互转化，季节的变化，昼夜的长短而相机而动；能够以日月、天地运行的规律作为用兵的依据；万物的生灭，是随着天地的变化而变化的。所以说：形势不明了就去作战，即使兵多将广，也必定要失败。

【原文】

“善战者，居之不挠，见胜则起，不胜则止。故曰：无恐惧，无犹豫。用兵之害，犹豫最大；三军之灾，莫过狐疑。善

战者，见利不失，遇时不疑。失利后时，反受其殃。故智者从之而不释[1]，巧者一决而不犹豫。是以疾雷不及掩耳，迅电不及瞑目。赴之若惊，用之若狂；当之者破，近之者亡，孰能御之？

【注释】

〔1〕释：放开、放过。

【译文】

“善于用兵作战的人，在军队休整待机时不会为表象所干扰，看到有利的战机就立即出兵，没有取胜的把握就立即停止。所以说，无所畏惧，无所犹豫。用兵的害处，犹豫最大。三军的灾祸，莫过于狐疑。善于用兵作战的人，看到有利的战机不会放过，遇到有利的时机不会迟疑。错失有利条件，放过有利战机，反而会使自己遭殃。因此，明智的将帅抓住战机就不放过，贤明的将帅一旦决定就不犹豫。这样的军队行动起来才能像迅雷使人不及掩耳，像闪电使人不及瞑目。前进时如同惊马奔驰，打起仗来若狂暴之士；阻挡它前进的即被击破，接近它的必遭灭亡，谁能抵御得了这样的军队呢？

【原文】

“夫将有所不言而守者神也[1]，有所不见而视者明也。故知神明之道者，野无衡敌[2]，对无立国。”

武王曰：“善哉！”

【注释】

〔1〕守：镇静自守，这里有老谋深算的意思。

〔2〕衡：通“横”，强横。

【译文】

“将帅有所不言而胸有成竹的可称为‘神’，敌情尚未明朗而能看出端倪的可叫作‘明’。将帅能明白神、明之道，在他面前就既无势均力敌的敌人，也没有敢于与之对抗的敌国。”

武王说：“您说的真是太深刻了。”

奇兵第二十七

【原文】

武王问太公曰："凡用兵之道，大要何如？"

太公曰："古之善战者，非能战于天上，非能战于地下，其成与败，皆由神势[1]。得之者昌，失之者亡。

"夫两陈之间，出甲陈兵，纵卒乱行者，所以为变也。深草蓊翳者，所以逃遁也。溪谷险阻者，所以止车御骑也。隘塞山林者，所以少击众也。坳泽窈冥者，所以匿其形也。清明无隐者，所以战勇力也。疾如流矢，击如发机者，所以破精微也。诡伏设奇，远张诳诱者[2]，所以破军擒将也。四分五裂者[3]，所以击圆破方也[4]。因其惊骇者，所以一击十也。因其劳倦暮舍者，所以十击百也。奇伎者[5]，所以越深水、渡江河也。强弩长兵者，所以逾水战也。长关远候[6]，暴疾谬遁者[7]，所以降城服邑也。鼓行喧嚣者，所以行奇谋也。大风甚雨者，所以搏前擒后也。伪称敌使者，所以绝粮道也。谬号令[8]，与敌同服者，所以备走北也。战必以义者，所以励众胜敌也。尊爵重赏者，所以劝用命也。严刑罚者，所以进罢怠也[9]。一喜一怒，一予一夺，一文一武，一徐一疾者，所以调和三军，制一臣下也。处高敞者，所以警守也。保险阻者，所以为固也。山林茂秽者[10]，所以默往来也[11]。深沟高垒，积粮多者[12]，所以持久也。

【注释】

〔1〕神势：指神秘莫测的用兵方法。

〔2〕远张：指虚张声势。诳诱：诳骗引诱。

〔3〕四分五裂：指分散兵力，多路进攻。

〔4〕圆：圆形军阵。方：方形军阵。

〔5〕奇伎：以奇妙技巧制成的军用工程器械。伎：通"技"。

〔6〕长关：在远方要害处设置的关卡。远候：派出远程侦察人员。

〔7〕暴疾：指军队行动迅速。谬遁：佯装撤退。

〔8〕谬号令：使用虚假的号令。

〔9〕罢：通“疲”。

〔10〕茂秽：草木丛生之地。

〔11〕默：隐蔽。往来：指军队的行动。

〔12〕“积”字原文脱，据《直解》补。

【译文】

周武王问姜太公说：“大凡用兵的原则，有哪些要旨呢？”

姜太公回答说：“古时善于用兵的将领，并非能够上天入地，逢战必胜。在战争中失败或胜利，取决于能否适应神秘莫测的态势。拥有这种神势的，就能作战胜利，国家繁荣昌盛；失去这种神势，就要作战失利，国家灭亡。

“两军对峙之时，阵前布列甲士和轻装步兵，使士卒故意乱行，队列不整，用以迷惑敌人，以便采取出其不意的行动。把军队布置在繁密的深草之中，是为了便于后退撤走。把军队布置在深谷险阻之地，是为了防御敌人车兵和骑兵的进攻。把军队布置在道路狭隘的山林之中，是为了以少胜多。把军队布置在地势低洼昏暗之处，是为了隐蔽军队的阵列。将军队暴露，没有任何隐蔽，是为了同敌人展开搏斗。军队发起攻击，像流矢一样迅速，打击敌人如扣动板机的节奏，如此，是为了打破敌人的精妙布置。巧妙地设下埋伏，诱使敌军上当，是为了击破敌军擒其将帅。将军队分成许多部分，是为了击破敌军的方阵或圆阵。乘敌人受惊心神不定的时候发动进攻，就可以做到以一击十。趁敌人困倦、宿营时发动进攻，就可以做到以一击百，以少胜多。用各种精妙的技术、器械，也就是为了涉过深水、江河。使用强有力的弓弩和长兵器，是为渡江河与敌人作战。在距离防守敌军较远处设置封锁路口的关卡，派人远出侦察探视，然后假装急速退兵，使敌军判断失误，这样我军就可以攻破敌城，迫使敌军投降。行军时虚张声势，人声噪杂，用以迷惑敌人，是为了施行巧计。疾风暴雨交加之时向敌军进攻，表面上是攻其正面，实际上另派奇兵袭击敌人后部。派人假扮敌军官吏，深入敌人后方，是截断敌人粮道的方法。诈用敌人的号令，穿敌人的衣服，是为了准备退走。战争用正义的旗号，这样能够激励全军鼓起士气来战胜敌人。对立功的人给予重赏，是为了激励那些听命效力的人。对违法之人进行严惩，是为了警诫那些懒散、倦怠的将士，促其上进。时而喜悦，时而愤怒，时

秦·秦军甲衣　甲是古代将士穿着在身上的防护装具，以保护身体的重要部位免受冷兵器的伤害。最初主要是用皮革制做。青铜器出现以后，人们用青铜片铸成兽面护饰装在甲衣胸背部。进入春秋战国时代，甲的制作和应用形成了一套比较系统完整的制度。盔甲的历史也伴随了整个冷兵器应用于战争的历史。

而乐于施给，时而残酷掠取，时而宽松，时而威猛，时慢时快，这样做是为了使全军行动协调一致。把军队驻扎在高阔平整的地区，是为了警戒方便。把军队驻扎在地形险要的地方，是为了便于坚固防守。把军队驻扎在草木繁茂的山林之中，是为了使军队便于隐蔽和联系。挖掘壕沟，修筑高墙，积存粮草，是用来准备持久作战。

【原文】

“故曰：不知战攻之策，不可以语敌。不能分移[1]，不可以语奇。不通治乱[2]，不可以语变。故曰：将不仁，则三军不亲。将不勇，则三军不锐。将不智，则三军大疑。将不明，则三军大倾[3]。将不精微，则三军失其机。将不常戒，则三军失其备。将不强力，则三军失其职。故将者，人之司命，三军与之俱治，与之俱乱。得贤将者兵强国昌，不得贤将者兵弱国亡。”

武王曰：“善哉！”

【注释】

〔1〕分移：分散机动，此泛指机动灵活地指挥军队。

〔2〕治乱：军纪严整与混乱涣散，此泛指治军方法。

〔3〕倾：倾倒，此指战斗力削弱。

【译文】

“所以说，如主将不明白作战进攻的策略，就不值得同他商讨对敌的办法。如果主将不懂得军队的分与合，就不足与他商议出奇制胜之策。如果主将不能掌握治和乱的道理，就不足与他商议权变之策。因此，如果主将不仁爱，那么三军将士就不会拥护和爱戴他；如果主将不勇敢，那么全军就全无锐气，丧失战斗力；如果主将缺少智谋，那么全军将士就会军心不稳；如果主将不能明察是非，那么全军就会处于危险状态；如果主将在战略上不精细微妙，那么全军就会坐失战胜敌人的良机；如果主将不时常戒惕，那么全军就会丧失警备；如果主将没有威严魄力，那么全军将士就会懈怠，职守不严。所以，主将是掌握全军命运的人，三军的治乱安危是与主将的能力联系在一起的。国君能够得到贤将，军事就会强大、国力就会增强；国君如不能得到贤将，国家就会灭亡。”

周武王说：“您说的真是太深刻了！”

五音第二十八

【原文】

武王问太公曰："律音之声，可以知三军之消息[1]，胜负之决乎？"

太公曰："深哉！王之问也。夫律管十二[2]，其要有五音——宫、商、角、徵、羽[3]，此其正声也，万代不易。五行之神，道之常也，可以知敌。金、木、水、火、土，各以其胜攻之。

【注释】

〔1〕消息：消长、盛衰。

〔2〕律管十二：古代正音的乐器，用竹、玉或铜制成，共十二管，按音阶由低到高依次为黄钟、大吕、太簇、夹钟、姑洗、仲吕、蕤宾、林钟、夷则、南吕、无射、应钟。

〔3〕宫、商、角、徵、羽：我国古代的五个音阶。

【译文】

武王问太公说："从音乐的声音中，可以知晓军队的消息，判断战争的胜负吗？"

太公说："这个问题深奥啊！十二律管主要有五个基本音阶——宫、商、角、徵、羽，这是音律中的纯正之声，千年万代也不会改变的。五行相生相克，神妙无比，是天地变化的自然法则，由此可以推知敌情的变化，如同金、木、水、火、土，各以其相互生克取胜。

【原文】

"古者三皇之世，虚无之情以制刚强[1]。无有文字，皆由五行。五行之道，天地自然。六甲之分[2]，微妙之神。其法：以天清静，无阴云风雨，夜半，遣轻骑往至敌人之垒，去九百步外，偏持律管，当耳大呼惊之。有声应管，其来甚微。角声应管，当以白虎[3]；徵声应管，当以玄武[4]；商声应管，当以朱雀[5]；羽声应管，当以勾陈[6]；五管声尽不应者，宫也，当以青龙[7]。此五行之符，佐胜之征，成败之机。”

武王曰：“善哉！”

太公曰：“微妙之音，皆有外候。”

武王曰：“何以知之？”

太公曰：“敌人惊动则听之：闻枹鼓之音者，角也；见火光者，徵也；闻金铁矛戟之音者，商也；闻人啸呼之音者，羽也；寂寞无闻者，宫也。此五者，声色之符也。”

【注释】

〔1〕虚无：清静无为，以无为致无不为。

〔2〕六甲：指甲子、甲戌、甲申、甲午、甲辰、甲寅这六个以甲为首的干支。

〔3〕白虎：中国古代神话中的西方金星神。

〔4〕玄武：中国古代神话中的北方水星神。

〔5〕朱雀：中国古代神话中的南方火星神。

〔6〕勾陈：中国古代神话中的中央土星神。

〔7〕青龙：中国古代神话中的东方木星神。

【译文】

“古时三皇用‘虚无’克制刚强。那时没有文字，一切都以五行相生相克行事。五行生克的法则是天地演变的自然法则，六甲之分是非常深奥玄妙的。其方法是：当天气晴朗，没有阴云风雨的时候，半夜派遣轻骑前往敌人营垒，距敌九百步外，都拿着律管对着耳朵，对敌营大声疾呼，以惊动敌人。会有从敌方传来的声音反应到管中，发出很微弱的声音。如果有角声回应于律管中，白虎神当位，应从西方去攻打敌人；如果有徵声回应于律管中，玄武神当位，应从北方去攻打敌人；如果有商声回应于律管中，朱雀神当位，应从南方去攻打敌人；如果有羽声回应于律管中，勾陈神当位，应从中央去攻打敌人；所有律管都没有回声是宫声的反应，青龙神当位，应从东方去攻打敌人。这是五行相生相克的辅助制胜的象征，兵家胜败的关键。”

武王说：“太妙了！”

太公说：“微妙的律音，都有流露于外的征兆！”

武王说：“如何才能知晓呢？”

太公说：“当敌人受到惊动时，就细心听。听到鼓声是角声的反应；见到火光是徵声的反应；听到金属矛戟的声音是

商·带穿长条青铜刀　刀在古代是一种单刃的砍杀兵器。中国目前发现最早的青铜兵器便是铜刀。商朝的青铜刀，刀形较宽，刃端多向上翘，主要用来砍削器物，宰牛羊，或防身自卫，未正式用于战争。

商声的反应；听到敌人呼啸的声音是羽声的反应；敌寂静无声是宫声的反应。这五种音律与外在的音色是相符合的。”

兵征第二十九

【原文】

武王问太公曰：“吾欲未战先知敌人之强弱，预见胜负之征，为之奈何？”

太公曰：“胜负之征，精神先见，明将察之，其败在人。谨候敌人出入进退，察其动静，言语妖祥[1]，士卒所告。凡三军说怿，士卒畏法，敬其将命，相喜以破敌，相陈以勇猛，相贤以威武，此强征也。三军数惊，士卒不齐，相恐以敌强，相语以不利，耳目相属[2]，妖言不止，众口相惑，不畏法令，不重其将，此弱征也。

“三军齐整，陈势已固，深沟高垒，又有大风甚雨之利，三军无故[3]，旌旗前指，金铎之声扬以清，鼙鼓之声宛以鸣[4]，此得神明之助，大胜之征也。行陈不固，旌旗乱而相绕[5]，逆大风甚雨之利，士卒恐惧，气绝而不属[6]，戎马惊奔，兵车折轴，金铎之声下以浊，鼙鼓之声湿如沐[7]，此大败之征也。

【注释】

〔1〕妖祥：意为凶兆与吉兆。

〔2〕耳目相属：相互探听消息。

〔3〕无故：平静无事，这里指不待命令而行动。

〔4〕鼙鼓：鼙，小鼓。鼓，大鼓。擂击它们用以指挥军队前进、冲锋。

〔5〕乱而相绕：指旌旗纷乱、所指方向不明。

〔6〕不属：不相连接，引申为涣散。

〔7〕湿如沐：指战鼓被淋湿后声音沙哑低沉。

【译文】

武王问太公说：“我要在尚未交战时，知晓敌人的强弱，预见胜败的征兆，应该怎么办？”

太公说：“胜败的征兆，首先是从敌人精神上表现出来，明智的将帅能够察觉它，但能否根据征兆打败敌人，则在于人的主观努力。谨慎地侦察敌人出入进退的情况，观察它的动静，考察其言语的吉兆、凶兆和士卒们相互议论的事情。凡是三军上下喜悦，士卒畏惧执法、尊敬将帅，相互间为破敌而高兴，相互传颂勇猛杀敌的事迹，赞美威武勇敢的将士，这是军队战斗力强的征兆。如果三军不断地受惊吓，将士军容不整，相互以敌人的强悍来恐吓，相互传播不利于战斗的消息，相互探听消息，谣言不止，将士互相欺蒙，不畏惧法令，不尊重将帅，这是军队虚弱无力的征兆。

“三军上下步调一致，阵势坚固，深沟高垒，又有大风大雨有利的气候条件，三军不待命令而旌旗前指，金铎之声高扬而清晰，鼙鼓之声婉转而响亮，这些都是得到神明的帮助，将要取得大胜的征兆。行阵不稳固，旌旗纷乱且互相缠绕，又逆着暴风骤雨的不利条件，士卒恐惧，上气不接下气，战马四处乱跑，兵车折断了车轴，金铎之声低沉而混浊，鼙鼓之声沉闷而不响，这是大败的征兆。

【原文】

“凡攻城围邑：城之气色如死灰，城可屠；城之气出而北，城可克；城之气出而西，城必降；城之气出而南，城不可拔；城之气出而东，城不可攻；城之气出而复入，城主逃北[1]；城之气出而覆我军之上，军必病；城之气出高而无所止，用兵长久。凡攻城围邑，过旬不雷不雨，必亟去之，城必有大辅。此所以知可攻而攻，不可攻而止。”

武王曰：“善哉！”

【注释】

〔1〕城主：指守城的主将。

【译文】

商·蝉纹短柄翘首铜刀　江西省博物馆藏。
通长67.9厘米，宽9厘米，柄长11.4厘米。

“凡是攻城围邑，如果城上的云气是死灰色，城可被毁灭；如城中之气出城北走，说明该城可以攻破；如城中之气出城西走，城就必定投降；如城中的云气出而向南，城就坚不可破；如果城上的云气出而向东，该城就不可进攻；如果城上的云气出而又入，守城的主将必然逃亡败北；如果城上的云气出而覆盖我阵地之上，对我军必定不利；如果城上的云气高升而不停止，是用兵长久的征兆。凡攻城围邑，如果超过十天不打雷下雨，就应迅速撤去，该城中必定有贤能的人辅佐。

这就是知道攻可以攻，不可攻而止的道理了。”

武王说：“您讲的真是太深刻了！”

农器第三十

【原文】

武王问太公曰：“天下安定，国家无事[1]，战攻之具[2]，可无修乎[3]？守御之备，可无设乎？”

【注释】

〔1〕事：指战事，战争。

〔2〕战攻之具：进攻作战的武器装备。

〔3〕修：修造，整治。

【译文】

周武王问姜太公说：“天下安定，国家没有战事。那么作战时所用的各种进攻器械，可以不进行整治吗？用于防守抵御的各种武器装备，可以不用筹备了吗？”

【原文】

太公曰：“战攻守御之具，尽在于人事：耒耜者[1]，其行马蒺藜也[2]；马牛车舆者，其营垒蔽橹也[3]；锄耰之具[4]，其矛戟也；蓑薛簦笠者[5]，其甲胄干楯也；镢锸斧锯杵臼[6]，其攻城器也；牛马，所以转输粮用也；鸡犬，其伺候也；妇人织纴[7]，其旌旗也；丈夫平壤，其攻城也；春钹草棘[8]，其战车骑也；夏耨田畴[9]，其战步兵也；秋刈禾薪，其粮食储备也；冬实仓廪[10]，其坚守也；田里相伍[11]，其约束符信也；里有吏，官有长，其将帅也；里有周垣[12]，不得相过，其队分也[13]；输粟收刍[14]，其廪库也；春秋治城郭、修沟渠，其堑垒也。

【注释】

〔1〕耒耜（lěi sì）：中国最古老的农具之一，其状似犁，可以用来翻土，耒是其柄，耜是其前端，后世亦用耒耜代指所有农具。

〔2〕行马：亦名拒马，用来阻止敌方车骑冲击的防御器具。蒺藜：用来阻塞道路、设置障碍的一种防御器具。

〔3〕蔽橹：盾牌之类的遮蔽器具。

〔4〕耰(yōu)：古代用来碎土平田的一种农具。

〔5〕蓑(suō)薛：即蓑衣，草编的雨衣。簦(dēng)笠：都是古代的雨具，簦是有柄的笠，即后代的雨伞，笠就是斗笠。

〔6〕镢(jué)：大锄。锸(chā)：锹。杵：捣物的棒槌。臼：舂米的器具，中间凹进。

〔7〕纴(rén)：织布。

〔8〕钹(bó)：一种割草的农具，此处用为动词，意为割草。

〔9〕耨(nòu)：锄草。畴：农田。

〔10〕廪：粮仓。

〔11〕田里：本篇指农家。相伍：五家为伍。这里指用军队编制来管理农户。

〔12〕里：古代居民基层行政单位。周垣(yuán)：四周的围墙。

〔13〕队分：各部队驻扎和分管的区域。

〔14〕刍：饲养牲口的草料。

【译文】

姜太公回答说："天下安定时期，作战用的器械，可在平时结合农事准备，打起仗来，用来翻土的耒耜，可看作是抵御敌军的行马和木蒺藜。牛车、马车，可看作是营垒和遮掩防身的大盾牌。锄头和耰，可看作是矛和戟。蓑衣、雨伞和斗笠，可看作是护身服、头盔和盾。镬头、铁锹、斧、锯和杵臼，都可看作是攻城时使用的武器。牛马，可用来转运军粮。鸡犬，可用来报时和警戒。妇女从事纺织，可看作制造旌旗。男人对土地进行平理修整，可看作攻城。春天时铲除杂草荆棘，等于同兵车骑兵作战。夏天时除去田地中的野草，等于同步兵作战。秋天时收割庄稼砍伐柴木，等于军队中的粮草储备。冬天时要充实粮仓，等于准备好进行长期的坚固防守。农户要编制户籍，进行管理，组织起来，就相当于军队的编制，并使用号令统一行动。每一里设有吏，上面还设有官长，他们就相当于军队中的将帅。里的周围建有低矮的墙，它们之间的界线不可随意越过，相当于军队中分配为不同的编制，不得相互混淆。输送粮食，储藏草料，相当于充实粮仓府库。春秋之时修筑城墙，疏通沟渠，就是战时的修壁垒壕沟。

【原文】

"故用兵之具，尽在于人事也。善为国者，取于人事。故必使遂其六畜，辟其田野，究其处所。丈夫治田有亩数[1]，妇人织纴有尺度[2]。其富国强兵之道也。"

武王曰："善哉！"

【注释】

〔1〕治田：耕田，种田。

〔2〕尺度：规定的长度数量。

【译文】

“所以说用兵的器械，都可在平时结合农事准备。善于管理国家的，就充分利用农户所从事的日常劳动。所以必须保证人民喂养的六畜能够顺利生长，必须保护人民适时地开垦田地，必须为人民规划好居住的场所。男子耕种田地有额定亩数，妇女纺织布帛有额定尺数。这些都是富国强兵的根本方法。”

周武王说：“您讲的真是太神奇了！”

商·短柄翅首铜刀 江西省博物馆藏。通长29厘米，宽4.3厘米，柄长5.3厘米。

虎韬·军用第三十一

【原文】

武王问太公曰：“王者举兵，三军器用，攻守之具，科品[1]众寡，岂有法乎？”

太公曰：“大哉，王之问也！夫攻守之具，各有科品，此兵之大威也。”

【注释】

〔1〕科品：种类。

【译文】

周武王问姜太公说：“有成就王道之志的国君发动战争，全军所用的武器，攻守的各种器械，品种与数量多少，是不是有一定的标准？”

姜太公回答说：“这个问题十分重要。军队中用来攻守的器械，种类各样，这关系到全军的战斗力。”

【原文】

武王曰：“愿闻之。”

太公曰：“凡用兵之大数，将甲士万人，法用武冲大扶胥三十六乘[1]，材士强弩矛戟为翼，一车二十四人，推之以八尺车轮，车上立旗鼓。兵法谓之震骇，陷坚陈，败强敌。武翼大橹矛戟扶胥七十二乘[2]，材士强弩矛戟为翼，以五尺车轮，

绞车、连弩[3]自副，陷坚陈，败强敌。提翼小橹扶胥一百四十具[4]，绞车、连弩自副，以鹿车轮[5]，陷坚阵，败强敌。

【注释】

〔1〕武冲大扶胥：大型战车，左右装有防护盾牌。

〔2〕武翼大橹矛戟扶胥：装备大型防护盾牌及矛戟等兵器的战车。

〔3〕绞车：一种以机械力张开强弩的器械。连弩：可连续发射的弓弩。

〔4〕提翼小橹扶胥：装备小型防护盾牌的战车。

〔5〕鹿车：以人力推拉的独轮车。

【译文】

周武王说："我愿意听您详加陈述。"

姜太公回答说："大凡用兵作战，所使用的武器装备、攻城器械等，以统率甲士万人的标准核订，应该具备：三十六辆武冲大扶胥，由勇敢精锐的兵士持强弩和矛戟在两侧进行护卫，每车载有二十四人，高达八尺的车轮需使用人力推动，车上置有旗鼓，便于进行指挥，兵法中称这类兵车为震骇；可用它攻取牢固的阵势，打败凶猛的敌人。七十二辆武翼大橹矛戟扶胥，两侧也是由勇猛精锐的兵士持强弩和矛戟进行护卫，车轮五尺高，车上配有作为辅助装备的绞车和连弩；可用来攻破坚固的阵势，打败凶猛的敌人。一百四十辆提翼小橹扶胥，车上设有绞车、连弩作为辅助装备，装独轮；也可用来攻破坚固的阵势，击败强大的敌人。

【原文】

"大黄参连弩大扶胥三十六乘[1]，材士强弩矛戟为翼，飞凫、电影自副[2]。飞凫赤茎白羽，以铜为首。电影青茎赤羽，以铁为首。昼则以绛缟，长六尺，广六寸，为光耀；夜则以白缟，长六尺，广六寸，为流星。陷坚阵，败步骑。大扶胥冲车三十六乘，螳螂武士共载[3]，可以击纵横，可以败敌。辎车骑寇[4]，一名电车，兵法谓之电击。陷坚阵，败步骑。寇夜前来[5]，矛戟扶胥轻车一百六十乘，螳螂武士三人共载，兵法谓之霆击。陷坚阵，败步骑。

【注释】

〔1〕大黄：强弩名。参：参和，参杂。大黄参连弩大扶胥：装备有大黄和连弩的大型战车。

〔2〕飞凫、电影：两种旗帜的名称。

〔3〕螳螂武士：勇武之士的称呼，谓如螳螂般奋勇无畏。

〔4〕辎车：一种轻型的快速战车。“辎”字疑当作“轻”，因形近而误。骑寇：指乘夜偷袭劫营的轻骑部队。

〔5〕“寇夜前来”四字疑为衍文。

【译文】

“三十六辆大黄参连弩大扶胥，由勇猛精锐的兵士持强弩和矛戟在两侧进行护卫，车上设置了‘飞凫’、‘电影’作为辅助装置。飞凫，是一种红杆白羽的箭，箭头是铜制的。电影，是一种青杆红羽的箭，箭头是铁制的。白天车上飘着红绢，长六尺，宽六寸，称作‘光耀’；夜晚车上飘着长六尺、宽六寸的白绢，称作‘流星’。可用来攻取牢固的阵势，击败强大的步兵和骑兵。三十六辆大扶胥冲车，车上配有威猛的‘螳螂武士’，这种车可以横冲直撞，击败强大的敌人。‘辎车骑寇’，又叫‘电光’，兵法上称之为‘电击’。可用来攻破牢固的阵势，击败敌军的步兵和骑兵。一百六十辆矛戟扶胥轻车，车上有威猛的‘螳螂武士’，兵法上称这种车为‘霆击’。可用来攻破牢固的阵势，击败敌军的步兵和骑兵。

商晚期·乳丁纹三銎刀　长28.6厘米，宽5.5厘米。

【原文】

“方首铁棓维肦[1]，重十二斤，柄长五尺以上，千二百枚，一名天棓；大柯斧[2]，刃长八寸，重八斤，柄长五尺以上，千二百枚，一名天越；方首铁锤，重八斤，柄长五尺以上，千二百枚，一名天锤。败步骑群寇。飞钩[3]，长八寸，钩芒长四寸[4]，柄长六尺以上，千二百枚，以投其众。

【注释】

〔1〕棓(bàng)：通“棒”。肦(fén)：通“颁”，大头状。

〔2〕柯：斧柄。大柯斧：长柄大斧。

〔3〕飞钩：古兵器名，有铁索相连，可投入敌群，钩击敌人。

〔4〕芒：锋芒，此指钩刃。

【译文】

“方首铁棓维肦，十二斤重，柄长达五尺以上，有一千二百枚，又称‘天棓’（棒）；大柄的斧子，斧刃长八寸，八斤重，柄长达五尺以上，总共一千二百把，又称‘天越’（钺）；方头的铁锤，八斤重，柄长达五尺以上，总共一千二百把，又称作‘天锤’。这些武器可以用来击败敌人的步兵和骑兵。飞钩，长八寸，钩芒长四寸，柄长达六尺以上，可以通过投掷来击伤敌兵。

【原文】

“三军拒守：木螳螂剑刃扶胥[1]，广二丈，百二十具，一名行马，平易地以步兵败车骑。木蒺藜，去地二尺五寸，百二十具，败步骑，要穷寇，遮走北。轴旋短冲矛戟扶胥[2]，百二十具，黄帝所以败蚩尤氏[3]，败步骑，要穷寇，遮走北。狭路微径，张铁蒺藜，芒高四寸，广八寸，长六尺以上，千二百具，败步骑。突暝前来促战[4]，白刃接，张地罗[5]，铺两镞蒺藜[6]，参连织女[7]，芒间相去二寸，万二千具。旷野草中，方胸铤矛[8]，千二百具。张铤矛法，高一尺五寸。败步骑，要穷寇，遮走北。狭路微径，地陷铁械锁，参连，百二十具，败步骑，要穷寇，遮走北。

【注释】

〔1〕木螳螂箭刃扶胥：一种用于防御的战车，装有尖刃向前，如螳螂举臂，可防止敌骑兵冲突。

〔2〕轴旋短冲矛戟扶胥：一种便于旋转装有冲角和矛戟的战车，用于防御。

〔3〕蚩尤氏：传说中九黎部族的首领，在与黄帝部落争夺中原的战争中，被黄帝战败。

〔4〕暝(míng)：晦暝，日落天黑。

〔5〕地罗：安设在地上的网状障碍物。

〔6〕镞：箭头。两镞蒺藜：带两个尖刺的铁蒺藜。

〔7〕织女：蒺藜的一种。参连织女：将许多蒺藜连缀在一起的障碍物。

〔8〕方胸：谓柄与头的结合处为方形。 铤：短柄小矛。

【译文】

“军队中用来御敌坚守的器械：木螳螂剑刃扶胥，有二丈宽，共一百二十辆，又称为‘行马’，在宽阔的平地上，用它来击毁挫败敌军的兵车和骑兵。木蒺藜，设置要离于地面二尺五寸，可用来打败敌军的步兵和骑兵，拦截穷途末路、奔走逃窜的敌人。轴旋短冲矛戟扶胥，一百二十辆，当年黄帝就是用它来大败蚩尤氏的，它能够用来击败步兵和骑兵，阻挡、攻击穷途末路、奔走逃窜的敌人。作战时，遇上狭隘道路，铺设铁蒺藜，刺长四寸长，宽达八寸，铁蒺藜的长度达到六尺以上，总共一千二百具，可用来打败步兵和骑兵。天黑之时敌人前来交战，敌我双方白刃相接，可在此时铺设地网，放置两镞蒺藜，织女也置于其间，刺之间的距离为两寸，共一万二千个。在空旷广阔的原野上，适合使用方胸铤矛，一共一千二百支；放置铤矛的方法，是使矛尖距离地面一尺五寸；可用其来打败步兵和骑兵，阻拦、攻击穷途末路、奔走逃窜的敌人。在狭窄的小道上，可设置铁械锁参连，一共一百二十条错节相连的锁链，可用其来打败步兵和骑兵，拦截、攻击穷途末路、奔走逃窜的敌人。

【原文】

“垒门拒守〔1〕：矛戟小橹十二具〔2〕，绞车、连弩自副。三军拒守：天罗、虎落、锁连〔3〕，一部广一丈五尺，高八尺，百二十具。虎落剑刃扶胥〔4〕，广一丈五尺，高八尺，五百二十具。

【注释】

〔1〕垒门：营门。

〔2〕矛戟小橹：配备有矛、戟和小型盾牌的防御性战车。

〔3〕天罗：悬挂于空中、上有钩刺的网。虎落：竹篱笆。锁连：即锁链。

〔4〕虎落剑刃扶胥：四周有篱笆遮蔽、上装剑刃向外的防御性战车。

【译文】

“在营房门口用以御敌防守的兵械：十二辆矛戟小橹，附设绞车、连弩。用来保护营房的兵械：宽为一丈五尺，高为八尺的天罗虎落锁链，一百二十具；宽为一丈五尺，高达八尺的虎落剑刃扶胥，五百二十辆。

【原文】

“渡沟堑：飞桥〔1〕，一间广一丈五尺，长二丈以上，着转关辘轳〔2〕，八具，以环利通索张之〔3〕。渡大水：飞江〔4〕，广一丈五尺，长二丈以上，八具，以环利通索张之。天浮铁螳螂〔5〕，矩内圆外，径四尺以上，环络自副，三十二具。以天浮张飞江济大海〔6〕，谓之天潢〔7〕，一名天舡。

【注释】

〔1〕飞桥：可架设于壕沟之上的折叠渡桥。

〔2〕转关辘轳：可将飞桥拉起或放下的起重装置。

〔3〕环利通索：即连环的铁锁链。

〔4〕飞江：可架设于江河之上的浮桥。

〔5〕天浮：助浮器材。铁螳螂：连接和固定浮桥的装置。

〔6〕“大海”二字疑为“大江”之误。

〔7〕天潢：星宿名，此指大船。

【译文】

“渡沟堑器具：飞桥，宽为一丈五尺，长为二丈以上，配备转关辘轳八架，可使用铁环和长绳架设。渡大江大河所需器具：飞江，宽为一丈五尺，长达二丈以上，一共八架，可使用铁环和长绳架设；天浮铁螳螂，为内方外圆形，直径有四尺以上，置有铁环绳索等辅助装置，一共三十二个。用天浮铁螳螂连接飞江，能渡过大江，称作‘天潢’，又叫作‘天舡’。

商·牛首刀　铜器。长24厘米。北方鄂尔多斯草原文化的器物，牛首立体铸出，牛舌可动。

【原文】

“山林野居，结虎落柴营[1]：环利铁锁，长二丈以上，千二百枚。环利大通索，大四寸，长四丈以上，六百枚。环利中通索，大二寸，长四丈以上，二百枚。环利小微缧[2]，长二丈以上，万二千枚。天雨盖重车上板，结枲鉏铻[3]，广四尺，长四丈以上，车一具，以铁杙张之[4]。伐木大斧，重八斤，柄长三尺以上，三百枚。棨镢[5]，刃广六寸，柄长五尺以上，三百枚。铜筑固为垂[6]，长五尺以上，三百枚。鹰爪方胸铁杷[7]，柄长七尺以上，三百枚。方胸铁叉，柄长七尺以上，三百枚。方胸两枝铁叉，柄长七尺以上，三百枚。芟草木大镰[8]，柄长七尺以上，三百枚。大橹刀[9]，重八斤，柄长六尺，三百枚。委环铁杙[10]，长三尺以上，三百枚。椓杙大锤[11]，重五斤，柄长二尺以上，百二十具。

【注释】

〔1〕虎落柴营：有篱笆等掩护物围绕的军营。

〔2〕缧(léi)：绳索，此指铁索。

〔3〕枲(xǐ)：麻。 鉏铻：排列成栉齿状。结枲鉏铻：似指将麻丝捆扎在大木板上，呈栉齿状，制成覆盖战车的遮雨板，麻不易腐蚀，且可防裂。

〔4〕铁杙(yì)：铁桩。

〔5〕棨镢(qǐ jué)：大锄。

〔6〕筑：杵。垂：环，耳。

〔7〕鹰爪：谓耙头如鹰爪。杷：耙。

〔8〕芟(shān)：割草。

〔9〕大橹刀：大砍刀。

〔10〕委环铁杙：带环的铁桩。

〔11〕椓(zhuó)：击。椓杙大锤：用来钉铁桩子的大锤。

【译文】

“军队占据山林，野外露营，应结虎落柴营，所需器具：环利铁锁，长二丈以上，共一千二百枚。环利大通索，环四寸大，长四丈以上，共六百枚。环利中通索，环二寸大，长四丈以上，共二百枚。环利小微缧，长二丈以上，共一万二千枚。天雨盖，也就是在重型兵车上覆盖木板，再盖上麻绳结成的帆布，排列为齿状，立于营房前，每块板宽四尺，长四丈以上，每辆兵车上一块，用铁桩子固定。伐木大斧，重达八斤，柄长三尺以上，一枚三百把。棨𫓹，刃宽六寸，柄长五尺以上，一共三百把。铜筑固为垂，长为五尺，一共二百个。鹰爪方胸铁耙，柄长为七尺以上，一共三百把。方胸两枝铁叉，柄长为七尺以上，一共三百把。用以清除草木用的大镰，柄长为七尺以上，一共三百把。大橹刀，重八斤，柄长为六尺，一共三百把。上连有铁环的铁桩子，长三尺以上，一共三百个。砸击铁桩用的大槌，重五斤，柄长二尺以上，一共一百二十把。

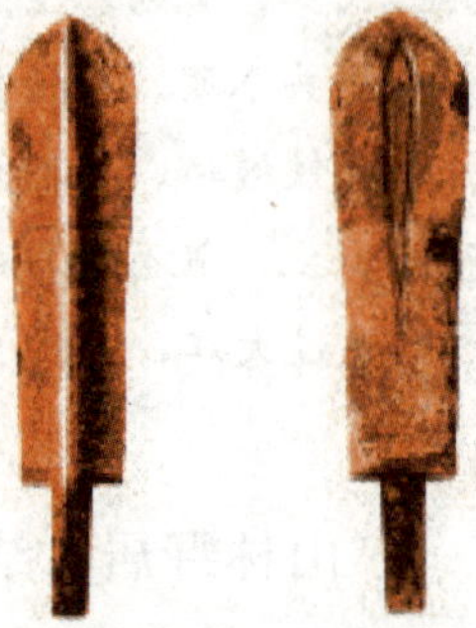

商·宽刃铜剑　剑最早见于商代，较短，呈柳叶或锐三角形，初为铜制。至春秋战国，逐渐成为步战主要兵器。

【原文】

“甲士万人，强弩六千，戟橹二千，矛楯二千[1]。修治工具，砥砺兵器[2]，巧手三百人。此举兵军用之大数也。”

武王曰：“允哉！”

【注释】

〔1〕楯(dùn)：大盾。

〔2〕砥砺(dǐ lì)：磨刀石，本篇指使兵器锋利。

【译文】

“甲士万人的部队，有六千名使用强弩，两千名使用戟橹，另外两千名使用矛和盾。而且，修理工具和砥砺兵器的工匠三百名。我以上所说的这些，就是兴兵打仗时所需各种兵械的大致数目。”

周武王说：“确实是这样！”

三陈第三十二

【原文】

武王问太公曰："凡用兵为天陈[1]、地陈[2]、人陈[3]，奈何？"

【注释】

〔1〕天陈：依照天象布列阵势。陈，通"阵"。下同。

〔2〕地陈：依照地形布列阵势。

〔3〕人陈：根据人事为阵。

【译文】

武王问太公说："用兵布阵时所谓的天阵、地阵、人阵，是怎么回事呢？"

【原文】

太公曰："日月、星辰、斗杓[1]，一左一右，一向一背，此谓天陈；丘陵、水泉，亦有前后左右之利，此谓地陈；用车用马，用文用武[2]，此谓人陈。"

武王曰："善哉！"

【注释】

〔1〕斗杓：即斗与杓，斗即斗魁，杓即斗柄。这是对北斗星形状的描绘。

〔2〕用文用武：指或斗计谋，或拼勇力。

【译文】

太公说："天上有日月星辰，以北斗星可辨明方向，以它们的前后左右运行情况及相互关系来布阵的，就叫作天阵。以丘陵、水泉及前后左右的地形条件来布阵，就叫作地阵。以所使用的兵种和战术的不同来布阵，就叫作人阵。"

武王说："您讲得太妙了！"

疾战第三十三

【原文】

武王问太公曰："敌人围我，断我前后，绝我粮道，为之奈何？"

太公曰："此天下之困兵也[1]，暴用之则胜[2]，徐用之则败。如此者，为四武冲陈[3]，以武车骁骑[4]，惊乱其军，而疾击之，可以横行。"

武王曰："若已出围地，欲因以为胜，为之奈何？"

太公曰："左军疾左，右军疾右，无与敌人争道；中军迭前迭后，敌人虽众，其将可走。"

【注释】

〔1〕困兵：指处境困难的军队。

〔2〕暴：迅速勇猛。

〔3〕四武冲陈：四面都用戎车部队进行警戒的战斗阵形。武冲，即前《军用》篇所提到的武冲大扶胥。

〔4〕武车骁骑：武车，指各类兵车。骁骑，勇猛善战的骑兵。

【译文】

武王问太公说："敌人从四面八方包围我军，切断我军的联系，断绝了我军的粮道，该如何处置呢？"

西周·夔龙纹剑　通长27.8厘米，刃宽3.7厘米。

太公说："这是处境最困难的军队。此时，鼓足勇气、急速行动，就能取得胜利，行动迟缓就要失败。像这样的处境，要把军队布置成'四武冲阵'，前后左右都布置戎车作护卫，先用强大的战车和骁勇的骑兵，打乱敌军的部署，然后迅速突击，这样就可以畅行无阻，突破包围圈。"

武王说："如果我军已突出重围，想要乘势击败敌军，取得胜利，该怎么办呢？"

太公说："应以我之左军迅速向左发起攻击，我之右军向右发起攻击，不可与敌人争夺道路，并用中军作主力向敌军轮番突击，或击敌前，或抄敌后，敌军虽多，也能打败他。"

必出第三十四

【原文】

武王问太公曰："引兵深入诸侯之地，敌人四合而围我，断我归道，绝我粮食。敌人既众，粮食甚多，险阻又固。我欲必出，为之奈何？"

太公曰："必出之道，器械为宝，勇斗为首。审知敌人空虚之地，无人之处，可以必出。将士持玄旗[1]，操器械，设衔枚夜出[2]。勇力、飞足、冒将之士居前，平垒为军开道[3]，材士、强弩为伏兵居后，弱卒车骑居中。陈毕徐引，慎无惊骇。以武冲扶胥前后拒守，武翼大橹以备左右[4]。敌人若惊，勇力、冒将之士疾击而前，弱卒车骑以属其后，材士、强弩隐伏而处。审候敌人追我，伏兵疾击其后，多其火鼓[5]，若从地出，若从天下。三军勇斗，莫我能御。"

【注释】

〔1〕玄旗：黑旗。夜战用黑旗，便于隐蔽行动。

〔2〕枚：状如筷子，两端有带，可系于颈上。衔枚：士兵口中衔枚，以保持行动隐蔽。

〔3〕平垒：平毁营垒。

〔4〕武翼大橹：战车名，即《军用》篇所提到的"武翼大橹矛戟扶胥"。

〔5〕多其火鼓：此指多点火把，大声鼓噪，以迷惑、震吓敌人。

【译文】

周武王问姜太公说："率领军队深入敌境，敌人四面全围，并将我军的退路切断，隔断我军的军粮供给。敌军却兵多粮足，并且依恃艰险地势设置了牢固的阵地。此时，我军若想成功突围，该怎么办呢？"

姜太公回答说："成功突围的方式，关键在于准备好器械，而以英勇奋战最为重要。若能细心地观察到敌人设防薄弱，没人守护的地方，突围成功就可实现。突围时，军中将士都要手拿黑旗，携带器械，嘴里衔枚，乘夜突围。应挑选那些勇猛威武、腿脚麻利、勇于冒险的士兵充当先锋军，荡平壁垒，为我大军开道，充当伏兵的精兵持强弩位于队伍后部，队伍中间安排疲弱兵士和兵车、骑军。阵列摆好之后，缓缓地开始行动，要谨慎，避免自己队伍中发生混乱。队伍前后都以武冲大扶胥作拒守之用，左右以武翼大橹进行防御。敌人如惊动了，队伍无法继续前进，先锋军的勇猛威武、富有冒险精神的士兵就应迅速出击，老弱兵士与兵车、骑兵应紧跟随其后，持强弩的精兵隐藏埋伏起来。确实发现敌军前来追击，伏兵就从后面迅速袭击他们，并且大都拿着火把和战鼓，使敌军产生我方人数众多的错觉，好像大军突然从地下钻出来，又好像从天而降一样，全军奋力拼杀，这种攻势谁也无法抵挡。"

【原文】

武王曰："前有大水、广堑、深坑，我欲逾渡，无舟楫之备。敌人屯垒[1]，限我军前，塞我归道，斥候常戒[2]，险塞尽守[3]。车骑要我军，勇士击我后。为之奈何？”

太公曰：“大水、广堑、深坑，敌人所不守。或能守之，其卒必寡。若此者，以飞江转关与天潢以济我军。勇力材士，从我所指[4]，冲敌绝陈，皆致其死[5]。先燔吾辎重，烧吾粮食，明告吏士：勇斗则生，不勇则死。已出，令我踵军设云火远候[6]，必依草木、丘墓、险阻。敌人车骑，必不敢远追长驱。用以火为记，先出者，令至火而止，为四武冲陈。如此，则三军皆精锐斗勇，莫我能止。”

武王曰：“善哉！”

【注释】

〔1〕屯垒：屯兵于军垒之中，以固守。

〔2〕斥候：警戒、侦察人员。

〔3〕“守”字原文作“中”，从《直解》改。

〔4〕从我所指：按命令行动。

〔5〕致其死：拼死作战。

〔6〕踵军：随先头部队或主力部队之后跟进的部队，有时也超越而前，起前后策应作用。云火：烟火。远候：远出的警戒、侦察人员。

【译文】

周武王接着问：“如突围时前方有大河、广堑、深坑，我军想要渡过去，又没有准备船只。敌军用以防守的壁垒，拦截在前方，又切断了我军退路，敌军的侦察人员时时保持高度警戒，险要之处也都派人把守。他们的兵车、骑兵阻拦我军，派勇士袭击我军后部。遇到这种情况，应怎么办呢？”

姜太公回答说：“大河、广堑、深坑这些地方，一般是敌人不注意防守的；即使设防，人数也不多。遇到这种情况，可借助飞江转关和天潢使我军渡过去。指派勇猛善战的精兵按照军令指示，径直冲入敌阵，都要竭尽全力拼一死战。先焚烧我军的辎重和粮草，明确地告知全军将士：军情紧迫，必须英勇作战，才可生存；若不英勇作战，必将是死路一条。先头部队脱离险境之后，就命令跟随主力的后继部队燃起大火堆，派人远远地侦察敌情，必须利用草木、坟墓等险要地势来秘密安排。敌军派来追击的兵车和骑兵，发现这种情况后，必定不敢再长驱直追。继而我军就用火堆作为标记，此后率先突围的军队，命令他们行进到火堆旁就停下，组成四武冲阵。假如能做到这些，只要我三军将士都精锐勇斗，敌人就无法阻止我们突围。”

周武王说：“您讲得太深刻了！”

军略第三十五

【原文】

武王问太公曰："引兵深入诸侯之地，遇深溪、大谷、险阻之水，吾三军未得毕济，而天暴雨，流水大至，后不得属于前，无有舟梁之备[1]，又无水草之资[2]，吾欲必济，使三军不稽留，为之奈何？"

【注释】

〔1〕梁：桥梁。

〔2〕水草：此处指用以堵塞水流的稻草。

【译文】

武王问太公说："率军深入敌国境内，遇到深溪、大谷、难以通过的河流，我军没有完全渡过时，可是天却降暴雨，洪水大涨，后边的军队与前军被水隔断，既没有船只、桥梁，又没有堵水用的草料物资。我们想要渡过去，使三军将士不滞留在险境，应如何处置呢？"

【原文】

太公曰："凡帅师将众，虑不先设，器械不备，教不素信，士卒不习，若此，不可以为王者之兵也。凡三军有大事，莫不习用器械。攻城围邑，则有轒辒、临冲[1]；视城中，则有云梯、飞楼[2]；三军行止，则有武冲[3]、大橹，前后拒守；绝道遮街，则有材士强弩，冲其两旁；设营垒，则有天罗、武落[4]、行马、蒺藜。昼则登云梯远望，立五色旗旌；夜则设云火万炬，击雷鼓[5]，振鼙铎，吹鸣笳；越沟堑，则有飞桥、转关、辘轳、 钼铻；济大水，则有天潢、飞江；逆波上流，则有浮海、绝江[6]。三军用备，主将何忧！"

【注释】

〔1〕临冲：攻城器具名，临车为从上视下的车辆；冲车为冲撞城门之车。

〔2〕飞楼：用以登高观察的望楼。

〔3〕武冲：即武冲大战车。

〔4〕武落：即虎落、绳索与木桩。

〔5〕雷鼓：古时祭天的鼓，此处指军中使用的大鼓。

〔6〕浮海、绝江：均为古代的渡河器材。

【译文】

太公说："凡统率军队，如计划不事先制定，器械不预先准备，平素不训练精良，士卒动作不够熟练，这样的军队是不能称为王者之师的。凡军队在重大行动的时候，都要事先学会使用各种器械。如果要攻城围邑，就要用'辒辒'、'临车'、'冲车'；要观察敌人城内的情况，就要用'云梯'、'飞楼'；军队进驻、休整，就要用'武冲'、'大橹'等战车在前后掩护；断绝交通，阻断街道，就要用勇士持强弩，控制、守卫两侧；设置营垒，就要在四周布设'天罗'、'武落'、'行马'、'蒺藜'等障碍器材。白天就登上云梯远望，设五色旌旗报告敌情；夜晚设云火、火把，并击'雷鼓'，敲动鼙鼓，摇动大铎，吹响胡笳；越沟堑，就要用'飞桥'、'转关'、'辘轳'、'鉏铻'；渡大河，就要用'天潢'、'飞江'；逆流而行，就要用'浮海'、'绝江'等器材。军队所需的器械都齐备了，主将还有什么可忧虑的呢！"

临境第三十六

【原文】

武王问太公曰："吾与敌人临境相拒，彼可以来，我可以往，陈皆坚固，莫敢先举。我欲往而袭之，彼亦可来，为之奈何？"

太公曰："分兵三处：令我前军，深沟增垒而无出，列旗，击鼙鼓，完为守备；令我后军，多积粮食，无使敌人知我意；发我锐士，潜袭其中，击其不意，攻其无备。敌人不知我情，则止不来矣。"

武王曰："敌人知我之情，通我之谋，动而得我事，其锐士伏于深草，要隘路，击我便处，为之奈何？"

太公曰："令我前军，日出挑战，以劳其意；令我老弱，曳柴扬尘[1]，鼓呼而往来[2]；或出其左，或出其右，去敌无过百步，其将必劳，其卒必骇。如此，则敌人不敢来。吾往者不止，或袭其内，或击其外，三军疾战，敌人必败。"

【注释】

〔1〕曳柴扬尘：拖曳柴草使尘土飞扬，用以迷惑敌人。

〔2〕鼓呼：擂鼓呐喊，以壮大声势，震慑敌人。

【译文】

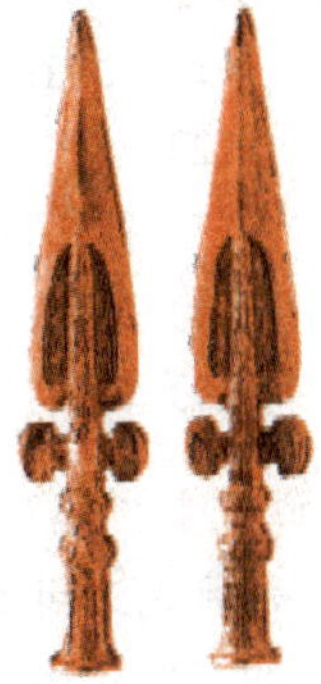

西周·云雷纹有翼剑
通长26.4厘米，两翼宽5.2厘米，銎口宽2.9厘米。剑作无格叶片式，剑身似矛。叶宽短，刃锋钝，无格。柱状茎较长，内中空，茎上有两凸箍和一对小翼，剑身两面纹饰略有不同，一面饰精细云雷纹及斜角云纹，另一面在茎部饰简化兽面纹。

武王问太公说："我国与敌人在国境线上相互对阵，敌人可以来攻我军，我军也可以去攻敌军。彼此的阵势都很牢固，谁也不敢贸然发起进功，我想去袭击敌人，但又顾虑敌人前来袭击我军，这种情况应该怎么办？"

太公说："把我军分为前、中、后三部分：命令前军深挖沟堑，高筑壁垒，不可出战，布列旌旗，敲响鼙鼓，作好周密的准备；命令后军多积粮食，不要让敌人知道我军企图；调发精锐部队，偷袭敌人中军，出其不意，攻敌不备，敌人不了解我军情况，就不敢前来进攻了。"

武王又问："敌人已经得知我军情况，明白我军的意图，我军一有行动，敌军就知道我军要干什么，敌人的精锐士卒埋伏于深草之中，拦截我军必经的隘路，袭击我军防备不周的地方，对此又该如何对付呢？"

太公说："遇到这种情况，令我军前锋每天都去向敌军挑战，以懈怠敌人的斗志；命令我军中的老弱士卒，拖曳树枝、扬起灰尘，击鼓呐喊，往来不停，有时出现在敌人左边，有时出现在敌人右边，距离敌人不要超过百步。如此反复，敌人的将帅必定产生疲劳，敌兵必会产生恐惧。这样，敌人就不敢前来了。我军不停地袭扰敌人，或袭击其内部，或打击其外部，全军迅猛发起攻击，敌人必定失败。"

动静第三十七

【原文】

武王问太公曰："引兵深入诸侯之地，与敌人之军相当[1]，两陈相望，众寡强弱相等，未敢先举。吾欲令敌人将帅恐惧，士卒心伤[2]，行陈不固[3]，后陈欲走，前陈数顾[4]，鼓噪而乘之，敌人遂走。为之奈何？"

太公曰："如此者，发我兵去寇十里而伏其两旁，车骑百里而越其前后，多其旌旗，益其金鼓。战合，鼓噪而俱起。敌将必恐，其军必骇，众寡不相救，贵贱不相待[5]，敌人必败。"

【注释】

〔1〕相当：此指相遇，相持。

〔2〕心伤：此指挫伤士气，丧失斗志。

〔3〕行：行列，队列。行陈：军阵。

〔4〕数顾：频频回顾，指士卒军心不稳，随时准备逃跑。

〔5〕贵贱：指军队中等级悬殊的军官和士卒。

【译文】

周武王问姜太公说："率领军队深入诸侯国境内，敌我双方势均力敌，两军对垒，军队实力旗鼓相当，因而都不敢首先进攻。我想使敌军统帅恐惧，让他们的士兵心怀悲伤而削弱士气，从而无法排成坚固的行列与阵势，使其队伍后列的士兵想趁机逃走，前列的士兵不时地回头张望；我军趁着鸣鼓号呼之时发动进攻，敌人于是败阵而逃。应该如何处置呢？"

姜太公回答说："遇到这种情形，就应派一队步兵，埋伏在距敌人十里的道路两侧，还须派兵车和骑兵行百里迂回到敌人后方，要多备旌旗，多备金鼓。敌对双方一交战，击鼓呐喊同时出击。敌军将帅必定害怕，士兵也必定惧怕，敌军兵力不论多少，均不能相互援救，将士彼此不能相互照应，敌人必遭失败。"

【原文】

武王曰："敌之地势，不可以伏其两旁，车骑又无以越其前后。敌知我虑，先施其备。我士卒心伤，将帅恐惧，战则不胜。为之奈何？"

太公曰："微哉，王之问也！如此者，先战五日，发我远候，往视其动静。审候其来，设伏以待之，必于死地与敌相避[1]。远我旌旗，疏我行陈。必奔其前[2]，与敌相当，战合而走，击金无止，三里而还，伏兵乃起，或陷其两旁[3]，或击其前后。三军疾战，敌人必走。"

武王曰："善哉！"

【注释】

〔1〕死地：兵家术语，指没有退路、非力战不能求生之地。"避"字疑误，《直解》本作"遇"，可从。

〔2〕奔：指迅速行动。前：阵前。

〔3〕陷：进攻。

【译文】

周武王说："敌方的地势不利于我军在其两旁设伏，我们的兵车和骑兵也不能在敌军面前前后运动。敌军了解到我军的策略，提前准备好一切。这使得我军士兵悲伤忧虑，将帅恐慌，此时若与敌人交锋，是无法取胜的。这又该如何处理呢？”

姜太公回答说：“这个问题真是微妙啊！在这种情况下，交战前五日，就应先派出侦察兵，远去打探敌人动静。确实观察到敌人在向我军行进，就要埋伏好等候敌军的到来，设伏应在于敌不利的地方，与敌人遭遇。我军须在远处竖立起旌旗，布置的行列和阵势要稀疏。前军必须要迅速地冲锋在前，与敌军接触，交火后就鸣金收兵，立即撤退，后退到三里的时候，再调头进行回攻，与此同时，伏兵也发起进攻，有从敌人两侧攻击的，有从正面和背面攻击的。全军将士英勇作战，敌人必定溃逃。”

周武王说：“您讲的真是太深刻了！”

金鼓第三十八

【原文】

武王问太公曰：“引兵深入诸侯之地，与敌相当，而天大寒甚暑[1]，日夜霖雨，旬日不止，沟垒悉坏，隘塞不守，斥候懈怠，士卒不戒，敌人夜来，三军无备，上下惑乱，为之奈何？”

【注释】

〔1〕甚暑：酷暑。甚，很、厉害。

【译文】

武王问太公说：“率领军队深入诸侯境内，适值严寒或酷暑季节，或者日夜大雨，旬日不止，致使沟垒崩塌，山险要塞失去守御，斥堠麻痹懈怠，士卒疏于警戒，敌人乘夜来袭，我军毫无防备，上下乱作一团，应该如何处置呢？”

【原文】

太公曰：“凡三军以戒为固，以怠为败。令我垒上，谁何不绝[1]，人执旌旗，外内相望，以号相命[2]，勿令乏音，而皆外向[3]。三千人为一屯[4]，诫而约之，各慎其处。敌人若来，视我军之警戒，至而必还，力尽气怠，发我锐士，随而击之。”

【注释】

〔1〕谁何：指以口令相问答。

〔2〕以号相命：通过号令以相联络，传达命令。

〔3〕外向：指担任警戒任务的士卒，始终高度警惕地面向敌方。

〔4〕一屯：即为一个驻军单位。

西周晚期·镂空蟠龙纹带鞘剑　剑通长26.5厘米，宽3.6厘米，柄长9厘米，总重量250克。铜鞘长26.5厘米，宽4.8厘米，鞘口宽3.3厘米，剑入鞘通长27.2厘米。

【译文】

太公说："军队有了戒备，就能牢不可破；若懈怠，就会失败。命令我军垒营卫兵大声喝问口令，查问来人，哨兵手执令旗，与或垒内外联络，再以号令相传送，金鼓之声不可断绝，对外表示已作好战斗准备。每三千人编为一屯，谆谆告诫，严加约束，使各自谨慎守备。敌人如果来犯，看到我军戒备森严，即使来到我军阵前，也必会退去。这时，敌军精疲力竭、精神松懈，派遣精锐的士卒紧随敌后猛击敌人。"

【原文】

武王曰："敌人知我随之，而伏其锐士，佯北不止，过伏而还，或击我前，或击我后，或薄我垒〔1〕，吾三军大恐，扰乱失次，离其处所，为之奈何？"

太公曰："分为三队，随而追之，勿越其伏，三队俱至，或击其前后，或陷其两旁，明号审令，疾击而前，敌人必败。"

【注释】

〔1〕薄：逼近、逼迫，此处指军队进攻。

【译文】

武王问："敌人知道我军追击，而埋伏精锐士卒，然后佯装败退不止，当我军进入敌人设伏的区域后，敌人就回过头来，与我军迎战。伏兵四起，有的攻打我军前锋部队，有的攻打我军的后队，有的从正面逼近我军营垒，从而使我军大为恐慌，自相惊扰，行列混乱，个个擅自离开在阵中的位置，对此应该怎么办？"

太公说："这种情况下应将三军分作三队，分头跟踪追击敌人，但不要进入敌人的设伏区，三队要同时到敌人的设伏区，有的攻击敌人的前后，有的攻击敌人的两侧，要严明号令，迅速出击，这样敌人必定失败。"

绝道第三十九

【原文】

武王问太公曰："引兵深入诸侯之地，与敌相守，敌人绝我粮道，又越我前后[1]，吾欲战则不可胜，欲守则不可久，为之奈何？"

【注释】

〔1〕越我前后：指敌人在我军的侧面和后面进行夹击。

【译文】

武王问太公说："领兵深入诸侯国境内，与敌对垒，敌人断绝我军粮道，又迂回侵扰我军后方，我军想要攻击敌军，又恐不能取胜，要坚守又担心不能长久，对此应该怎么办？"

【原文】

太公曰："凡深入敌人之地，必察地之形势，务求便利，依山林、险阻、水泉、林木而为之固，谨守关梁[1]；又知城邑、丘墓地形之利，如是，则我军坚固，敌人不能绝我粮道，又不能越我前后。"

【注释】

〔1〕关梁：关隘和桥梁。

【译文】

太公说："凡深入敌境，必须察明地势，务必占据有利地形，依托山林、险阻、水源、林木以求阵地的坚固，严守关隘桥梁，还要熟知城邑、丘墓等地形之利。这样，我军防守就能坚固，敌人就不能断我军粮道，也不能迂回到我军后方。"

【原文】

武王曰："吾三军过大林、广泽、平易之地，吾候望误失，卒与敌人相薄[1]，以战则不胜，以守则不固，敌人翼我两旁，越我前后，三军大恐，为之奈何？"

太公曰："凡帅师之法，当先发远候，去敌二百里，审知敌人所在。地势不利，则以武冲为垒而前，又置两踵军于后，远者百里，近者五十里，即有警急，前后相救，吾三军常完坚，必无毁伤。”

武王曰：“善哉！”

【注释】

〔1〕相薄：两军相遇，狭路相逢。

【译文】

武王说：“我军通过森林、广阔的沼泽以及平坦的地段时，情报有误，突然与敌相遇，如进攻不能取胜，防守又坚守不住，敌人包围我军两侧翼，迂回到我军前后，三军大为恐慌，此时，该如何处置呢？”

太公说：“统军作战的方法，应先向我军前进的远方派出侦探，深入敌境二百里，弄清敌人所在的位置。如果地势对我军不利，就用武冲战车在前面推进，并派两支后卫部队殿后，后卫部队和主力远的可达百里，近的相距五十里，一旦有紧急情况，前后方可以互相救援。全军上下如能经常保持完善而坚固的部署，就不会受到什么损失。”

武王说：“您讲得太微妙了！”

略地第四十

【原文】

武王问太公曰：“战胜深入，略其地[1]，有大城不可下[2]。其别军守险[3]，与我相距。我欲攻城围邑，恐其别军卒至而击我，中外相合[4]，击我表里[5]，三军大乱，上下恐骇。为之奈何？”

太公曰：“凡攻城围邑，车骑必远，屯卫警戒，阻其内外。中人绝粮[6]，外不得输。城人恐怖[7]，其将必降。”

【注释】

〔1〕略：攻占，侵占。

〔2〕下：攻下，攻克。

〔3〕别军：主力部队之外的部队。

〔4〕中外相合：守城部队与援军相互配合作战。

〔5〕表里：指军队的正面和侧后。

〔6〕中人：被围困于城中之人。

〔7〕城人：守城之人。

【译文】

周武王问姜太公说："我军乘胜深入敌国境内，夺取其地，但有防护森严的大城阻挡而难以攻克。另外一支敌军在城外某地据险固守，以抵抗我军。我想发兵围攻城邑，但又担心城外那支敌军突然前来攻打我军，敌人内外相呼应，使我军腹背受敌，我军一片混乱，将士上下惊恐。遇到这种情况，应该如何处理呢？"

春秋·越王勾践剑　1965年12月出土于湖北江陵（今荆州）望山一号战国楚墓。全长55.6厘米，重875克，剑身正面有鸟虫篆铭文两行8字：越王鸠浅（勾践）自作用剑。

姜太公回答说："通常围城攻邑，一定要调遣兵车、骑兵驻扎在距城较远的地方，警卫戒备，封锁隔绝城内与外面的一切联系。城中敌军粮食断绝，外面的粮食又运不进去。城中发生恐慌，守将必然要投降。"

【原文】

武王曰："中人绝粮，外不得输，阴为约誓[1]，相与密谋，夜出穷寇死战。其车骑锐士，或冲我内，或击我外。士卒迷惑，三军败乱。为之奈何？"

太公曰："如此者，当分军为三军，谨视地形而处。审知敌人别军所在，及其大城别堡，为之置遗缺之道[2]，以利其心，谨备勿失。敌人恐惧，不入山林，即归大邑，走其别军。车骑远要其前，勿令遗脱[3]。中人以为先出者得其径道[4]，其练卒材士必出[5]，其老弱独在。车骑深入长驱，敌人之军必莫敢至。慎勿与战，绝其粮道，围而守之，必久其日。无燔人积聚，无坏人宫室，冢树社丛勿伐[6]，降者勿杀，得而勿戮，示之以仁义，施之以厚德。令其士民曰：罪在一人[7]。如此则天下和服。"

武王曰："善哉！"

【注释】

〔1〕阴为约誓：偷偷地约定盟誓。

〔2〕为之置遗缺之道：故意在包围圈中留下缺口，丧失死守的斗志。

〔3〕遗脱：遗漏逃脱。

〔4〕径道：突围的道路。

〔5〕练卒：训练有素的士卒。练卒材士：指精锐部队。

〔6〕冢：坟墓。社：此指祭祀土地神的地方。社丛：祭祀社神处的丛林。古代墓

地和祭祀场所的林木被视为神圣之物。

〔7〕一人：指敌国之君。罪在一人：只有敌国君主一人有罪，余者无罪。

【译文】

周武王又问："城内粮食匮乏，城外粮食又不能运进去，如敌人秘密地订立盟誓，彼此秘密谋划，乘夜突围与我军决一死战。他们的兵车、骑兵和精锐士兵都一齐发动进攻，有的冲入我军内部，有的从外部攻击我军。我军士兵都感到迷惑不安，全军呈现一片失利慌乱的局面。这时又应该怎么办呢？"

姜太公回答说："在这种情况下，应将我军分作三部分，谨慎察看挑选有利地形驻扎。认真了解敌军其他部队的方位以及他们周围所占据的城堡等防御要点，要为敌军特意留一条没有设防的通道，满足他们出逃的侥幸心理，但千万要准备妥当，以免有闪失。最先逃出的敌军都很惊恐，他们不是躲藏于深山老林中，就是逃往附近有敌军驻守的城堡，或投奔其他敌军。我军的兵车、骑兵应布置在远处进行拦截，不能让这些最先出逃的敌军真的成了漏网之鱼。城中的敌军以为最先逃的敌军已经打通了逃路，敌军的精兵强将开始出城突围，城中只留下一些老弱伤残。这时，我军兵车、骑兵长驱直入，敌人守军就不敢轻易出击，只得返回城中。我军须慎重，不与其交战，仍继续封锁其粮道，围困他们，要持续一段日子。城中敌军必无奈而降服，但我军应做到不焚烧他们积累贮存的物品，不损坏他们的房屋，不乱砍他们墓地的林木和社神庙旁边的树丛，不要杀死已经归降的敌军，也不要杀死被活捉的敌军，把我军的仁慈义气表现给他们，并以宽厚之德对待他们。对他们说：'一切罪过都由那个昏庸无道的君主来承担。'如此，天下人就会心悦和服。"

周武王说："您讲的真是太深刻了！"

火战第四十一

【原文】

武王问太公曰："引兵深入诸侯之地，遇深草蓊秽〔1〕，周吾军前后左右。三军行数百里，人马疲倦休止。敌人因天燥疾风之利，燔吾上风，车骑锐士坚伏吾后。吾三军恐怖，散乱而走。为之奈何？"

太公对曰："若此者，则以云梯、飞楼远望左右，谨察前后。见火起，即燔吾前而广延之〔2〕，又燔吾后。敌人若至，则引军而却，按黑地而坚处〔3〕。敌人之来，犹在吾后〔4〕，见火起必还走。吾按黑地而处，强弩材士卫吾左右，又燔吾前后。若此，则敌不能害我。”

【注释】

〔1〕蓊秽：草木丛生、枝叶繁茂状。

〔2〕燔吾前而广延之：敌人如果用火攻，我军应设置一定宽度的防火带。然后，我亦于防火带外放火，这样不但可以使大火烧到防火带就会自然熄灭，还会阻止前来进攻的敌人。

〔3〕按：据。黑地：草地燃烧后的焦土地带。

〔4〕后：下风处。

【译文】

周武王问姜太公说：“统率军队深入敌国境内，遇到布满深草的地带，我军前后左右都被茂密的草丛所围绕。此时军队行程已达数百里，人困马乏，需要休息。敌人借天气干燥和风势较大的有利时机，在我军上风处纵火烧草，并有大量的兵车、骑车和精锐士兵埋伏于我军背后。我军将士都深为恐惧，奔散而逃。这时该如何处置呢？”

姜太公回答说：“这种情况下，应当开起云梯、飞楼，四下瞭望。看到起火后，应立即焚烧我军营前较远处的草丛，（而在此之前，还要在紧靠营地的前面整理出一片干净空地，以阻绝火势蔓延），还要焚烧下风处的草丛。若是前方的敌军发动攻击，我军就后退，在草已烧光的安全区域坚守，若是后方的敌军发动攻击，由于他们位于我军下风处，当他们发现火起，必定转身退兵。我军固守着黑地，左右有强弩和精锐士兵护卫，而且已将前后的草地焚烧掉。做到这些的话，敌人是难以损伤我军的。”

【原文】

武王曰：“敌人燔吾左右，又燔吾前后，烟覆我军，其大兵按黑地而起〔1〕。为之奈何？”

太公曰：“若此者，为四武冲阵，强弩翼吾左右〔2〕。其法无胜亦无负。”

【注释】

〔1〕大兵：主力，大部队。

〔2〕翼：指护卫两翼。

春秋晚期·少虡剑　长54厘米，宽5厘米，重880克。此剑为晋国兵器，山西李峪村出土。现藏北京故宫博物院。剑脊上有错金铭文20字，每面10字：吉日壬午，乍为元用，玄镠铺吕。朕余名之，胃之少虡。

【译文】

周武王又问：“敌人在我军左右两翼纵火，而且还焚烧了我军前后，烟雾弥漫，笼罩了我军，敌人大部队突然从烧过的地方向我军发起攻势。应该怎么办呢？”

姜太公接着回答：“在这种情况下，可将我军结成四武冲阵，使用强弩来防护两侧，这种方法虽不能够获胜，但也不会导致失败。”

垒虚第四十二

【原文】

武王问太公曰：“何以知敌垒之虚实，自来自去[1]？”

太公曰：“将必上知天道，下知地理，中知人事。登高下望，以观敌之变动；望其垒，即知其虚实；望其士卒，则知其去来。”

【注释】

〔1〕来：指进攻；去：指撤离后退。

【译文】

武王问太公说：“如何才能探知敌人营垒的虚实以及军队的调动情况呢？”

太公说：“将帅必须上知天时，下知地理，中知人事。登高望远，以观察敌人的变动；从远处眺望敌人营垒，便知道他们内部的虚实；观察敌人士卒的动态，就知道敌军调动的情况。”

【原文】

武王曰：“何以知之？”

太公曰：“听其鼓无音，铎无声，望其垒上多飞鸟而不惊，上无氛气[1]，必知敌诈而为偶人也[2]。敌人卒去不远，未定而复返者，彼用其士卒太疾也。太疾，则前后不相次；不相次，则行陈必乱。如此者，急出兵击之，以少击众，则必胜矣。”

【注释】

〔1〕氛气：指灰土或烟尘。

〔2〕偶人：指用稻草或土木制成的假人。

【译文】

武王问：“怎么才能知晓这些情况呢？”

太公说：“如果听不到敌营的鼓声，也听不到敌营的铎声，了望敌营垒上有许多飞鸟而不惊惧，空中也没有尘土飞扬，就可以判断必然是敌人用木偶人守营来欺骗我们。如果敌人仓猝撤退不远，没有多远又回来了，这是敌人调动军队太忙乱了。太乱，前后就没有秩序；没有秩序，行列就会混乱。这种情况下，我军可迅速出击，即使是以少敌众，也一定会取得胜利。”

战国早期·越王者旨於赐剑　浙江省博物馆藏。长52.4厘米，剑身两面铸双钩鸟书铭文“（越）王者旨於赐”，此即越王句践之子與。此剑附有黑漆剑鞘。

豹　韬·林战第四十三

【原文】

武王问太公曰：“引兵深入诸侯之地，遇大林，与敌分林相拒[1]。吾欲以守则固，以战则胜，为之奈何？”

太公曰：“使吾三军分为冲陈[2]，便兵所处，弓弩为表，戟楯为里。斩除草木，极广吾道，以便战所。高置旌旗，谨敕三军[3]，无使敌人知吾之情，是谓林战。

【注释】

〔1〕分林：敌我双方各占一部分林地。

〔2〕冲陈：即四武冲阵。

〔3〕敕（chì）：告诫，命令。

【译文】

周武王问姜太公说：“如率领军队深入敌境，遇到大面积的林地，我军和敌军分别占据一部分林地相互对垒。我要采取守势则稳固，采取攻势能获全胜，应该怎么办呢？”

姜太公回答说：“可以让全军士卒组成许多四武冲阵，布置在利于采取行动的地方，每一个四武冲阵外围都置有弓箭手，内部有持矛戟和盾的士兵。斩除草木，拓宽道路，有利于进行作战。将旗帜竖立于高处，谨慎传令于全军将士，严防敌军掌握我们内部军情，以上这些就是在林间战斗应做的准备。

【原文】

“林战之法，率吾矛戟，相与为伍。林间木疏，以骑为辅，战车居前，见便则战，不见便则止。林多险阻，必置冲阵，以备前后。三军疾战，敌人虽众，其将可走。更战更息，各按其部。是谓林战之纪[1]。”

【注释】

〔1〕纪：法则，原则。

【译文】

"林间战斗的规则，是将我军中使用矛戟的士兵，编制成五人一伍的小分队。林间树木较为稀疏的地方，可以使用骑兵作为辅助，战车在前面开路，发现形势有利就与敌军交战，看到形势对我军不利就停止前进，避免交战。在林木密集、地势险要的环境中，必须设置四武冲阵，以防备我军前后。全军能够英勇作战，敌人即使很多，也会溃败而逃。我军各部轮流作战，轮流休息，以部署编组行动。这些就是林间战斗的准则。"

突战第四十四

【原文】

武王问太公曰："敌人深入长驱，侵掠我地，驱我牛马，其三军大至，薄我城下。吾士卒大恐，人民系累〔1〕，为敌所虏。吾欲以守则固，以战则胜，为之奈何？"

太公曰："如此者，谓之突兵〔2〕。其牛马必不得食，士卒绝粮，暴击而前〔3〕。令我远邑别军，选其锐士，疾击其后，审其期日〔4〕，必会于晦〔5〕。三军疾战，敌人虽众，其将可虏。"

【注释】

〔1〕系累：拘禁，捆绑。

〔2〕突兵：实施突然袭击的部队。

〔3〕暴击：快速出击。

〔4〕审：精确的计算。

〔5〕晦：夜晚或每月最后一天。

【译文】

周武王问姜太公说："敌人深入我国，长驱直入，侵占掠夺领土，驱赶牛马，大军逼进我军城下。我军将士万分恐慌，百姓被捆绑，劫为俘虏。我希望采取守势能牢不可摧，采取攻势则取胜，应该怎么办呢？"

姜太公回答说："敌军突然发动攻击，称为突兵。由于未做充分准备，时间稍长，敌军牛马必定饲料匮乏，士兵也没军粮，只有急速地发动攻击。这时命令我军另外一支驻守在远处城邑的队伍，挑选其精锐士兵，迅速向敌军后部发起攻击，预先要认真计算好日期，必须同城中守军会合在无月光的晦日夜晚，以便联合发起对敌军的内外夹击。全军将士奋力杀敌，即使敌军人数众多，也可俘虏敌将。”

【原文】

武王曰：“敌人分为三四，或战而侵掠我地，或止而收我牛马。其大军未尽至，而使寇薄我城下，致吾三军恐惧，为之奈何？”

太公曰：“谨候敌人，未尽至则设备而待之[1]。去城四里而为垒，金鼓旌旗皆列而张。别队为伏兵。令我垒上多积强弩，百步一突门[2]，门有行马，车骑居外，勇力锐士隐伏而处。敌人若至，使我轻卒合战而佯走[3]，令我城上立旌旗，击鼙鼓，完为守备。敌人以我为守城，必薄我城下。发吾伏兵，以冲其内，或击其外。三军疾战，或击其前，或击其后。勇者不得斗，轻者不及走，名曰突战[4]。敌人虽众，其将必走。”

武王曰：“善哉！”

【注释】

〔1〕设备：做好战斗准备。

〔2〕突门：古代城墙和营垒中用于突击的小门。

〔3〕轻卒：装备轻便、行动迅速的部队。

〔4〕突战：突然的作战行动。

战国·有鞘剑　北京故宫博物院藏。剑长46.3厘米，宽5厘米；鞘长39厘米，宽5.5厘米，合重900克。战国时期剑不仅是兵器，也是贵族平时随身佩带之物，用以彰显自己的身份地位，亦可用以防身。

【译文】

周武王又问：“敌人分为三、四部，有的仍旧进攻，侵略土地，有的就驻扎下来，抢掠牛马。敌军的大部队尚未全部到达，就先派遣小部分兵力逼近我军城下，引起我军惊恐，遇到这种情况，应该怎么办呢？”

姜太公回答说：“先要仔细探察敌军动静，如果敌军没有全部到达，就要做好一切战前准备，等待敌军的到来。在距离城邑四里的地方营建一壁垒，金鼓旌旗都排列展放在上面。另外派遣一支军队作为伏兵。令我军垒上多设强弩，而且每百步设置一突门，突门处都安置有行马，兵车、骑兵都布置在外侧，英勇威武的士卒隐伏起来。如敌军发起攻势，就派出我军轻装士兵与敌交战，然后佯装败逃，与此同时，命令我守军在城上竖立起旌旗，击响军鼓，完备防守措施。敌人会误以为我军大部分兵力都用来守城，必定要进逼城下。这时我军伏兵四起，有的冲入敌人阵营内部，有的袭击敌人外侧。我全军将士英勇作战，有的攻打敌军前部，有的袭击敌军后部，这种能够使敌军中勇猛善战的来不及投入战斗、动作灵敏的来不及逃走的作战方法，称为突战。即使敌军人数众多，也能战胜他们，敌军的将帅也会因战败而逃跑。”

周武王说：“您讲的真是太深刻了！”

敌强第四十五

【原文】

武王问太公曰：“引兵深入诸侯之地，与敌人冲军相当[1]，敌众我寡，敌强我弱，敌人夜来，或攻吾左，或攻吾右，三军震动。吾欲以战则胜，以守则固，为之奈何？”

【注释】

〔1〕冲军：指担任突击任务的部队。

【译文】

武王问太公说：“率兵深入诸侯国境内，与敌军担任野战任务的部队遭遇，敌众我寡，敌强我弱，敌人又是黑夜前来，有的攻击我军左翼，有的攻击我军右翼，三军震动。我想做到，如果作战能够取胜，如果防守能够巩固，应该怎么办？”

【原文】

太公曰：“如此者，谓之震寇[1]。利以出战，不可以守。选吾材士强弩，车骑为之左右，疾击其前，急攻其后，或击其表，或击其里，其卒必乱，其将必骇。”

武王曰：“敌人远遮我前，急攻我后，断我锐兵，绝我材士，吾内外不得相闻，三军扰乱，皆散而走，士卒无斗志，将吏无守心，为之奈何？”

【注释】

〔1〕震寇：震恐我军的敌军，本篇为实施夜间强袭的敌人。

【译文】

太公说："这样的敌人叫作'震寇'。对付他们，我军以出战为利，不可采取守势。挑选勇士及优秀的弓箭手，以战车、骑兵为左右翼，迅速攻击敌军的正面，攻击敌人的侧后，或攻击敌军的外围，或攻入敌军阵内，这样，敌军将士必定混乱，敌军将领必然惊慌失措。"

武王说："敌人在远处阻截我军，急速攻击我军后方部队，截断我精锐部队，使我军内外失去联系，全军混乱，离阵而逃，士兵没有斗志，将吏无固守的信心，对这种情况应该怎么办？"

商·兽面纹大钺　钺是一种劈砍兵器，起源于原始社会的石斧。大型青铜钺体巨量重，已不实用，作为仪仗礼器来表现地位的高贵和权力的显赫。商周时代成为重要的礼器之一，也作为兵器使用。钺在商代后期，格外强调器物威严恐怖的特性，形成商代独特的艺术特点。

【原文】

太公曰："明哉！王之问也。当明号审令，出我勇锐冒将之士，人操炬火[1]，二人同鼓，必知敌人所在。或击其表，或击其里，微号相知[2]，令之灭火，鼓音皆止，中外相应，期约皆当，三军疾战，敌必败亡。"

武王曰："善哉！"

【注释】

〔1〕炬火：火把。

〔2〕微号：暗号。

【译文】

太公说："这个问题十分重要！这种情况下，应明审号令，出动我精锐队伍，各人手持火把，二人同击一鼓，必须探明敌人的准确位置，然后发起攻击。有的攻击敌人的外围，有的攻入敌人的阵内。部队约定统一的号令，熄灭火炬，停止击鼓，内外互相策应，全军迅猛出击，敌军必定败逃。"

武王说："您讲得太奇妙了！"

敌武第四十六

【原文】

武王问太公曰："引兵深入诸侯之地，卒遇敌人，甚众且武，武车骁骑绕我左右，吾三军皆震，走不可止，为之奈何？"

太公曰："如此者，谓之'败兵'，善者以胜[1]，不善者以亡。"

武王曰："用之奈何？"

【注释】

〔1〕善者：善于用兵打仗的人。

【译文】

武王问太公说："率兵深入敌国境内，突然遭遇敌人，敌军人数众多、武器精良，并以武冲战车和骁勇的骑兵包围我军的两翼，我军将士为之震惊，纷纷逃跑，不可阻止，对此，应如何处置呢？"

太公说："这样的军队，叫作'败兵'。善于用兵的人，可由此而获取胜利，不善用兵的则会由此而败亡。"

武王说："这种情况该怎样处置呢？"

【原文】

太公曰："伏我材士强弩，武车骁骑为之左右，常去前后三里，敌人逐我，发我车骑，冲其左右。如此，则敌人扰乱，吾走者自止。"

武王曰："敌人与我车骑相当，敌众我少，敌强我弱，其来整治精锐[1]，吾陈不敢当，为之奈何？"

【注释】

〔1〕整治：整齐不乱的意思。

【译文】

太公说："埋伏勇士、弓箭手，并以战车和骁勇的骑兵布置在两翼，伏于距我主力部队前后三里处，敌人如追击时，就用埋伏的战车和骑兵冲击敌军的左右两翼。如此敌军就会陷入混乱，我军逃跑的士卒也会自动停止。"

武王说："敌军与我军的战车、骑兵相遇，敌众我寡，敌强我弱，敌人阵势整齐，装备精良，我军与敌军交战，恐难以抵挡，应该怎么处置？"

【原文】

太公曰："选我材士强弩，伏于左右，车骑坚陈而处。敌人过我伏兵，积弩射其左右[1]，车骑锐兵，疾击其军，或击其前，或击其后，敌人虽众，其将必走。"

武王曰："善哉！"

【注释】

〔1〕积弩：前后重叠而击射的箭矢。

【译文】

太公说："挑选我军勇士及弓箭手埋伏于左右两侧，战车、骑兵布为坚固的阵势坚守，敌人通过我军的伏击圈时，就集中强弩射击他的两翼，战车、骑兵、精锐的步兵乘机迅速攻击敌军，有的攻击敌军的正面，有的攻击敌人的背后。敌军即使人数众多，也必定会失败。"

武王说："您说的真是太深刻了。"

鸟云山兵第四十七

【原文】

武王问太公曰："引兵深入诸侯之地，遇高山盘石，其上亭亭[1]，无有草木，四面受敌，吾三军恐惧，士卒迷惑。吾欲以守则固，以战则胜，为之奈何？"

【注释】

〔1〕亭亭：山峰高兀耸峙之貌。

【译文】

武王问太公说："领兵深入敌国境内，遇高山巨石，山峰高耸，没有草木隐蔽，处于四面受地的境地，全军恐惧，士兵迷惑。如防守就能坚固，如出战就能取胜，应如何处置呢？"

【原文】

太公曰："凡三军处山之高，则为敌所栖[1]；处山之下，则为敌所囚[2]。既以被山而处，必为鸟云之陈。鸟云之陈[3]，阴阳皆备。或屯其阴，或屯其阳。处山之阳，备山之阴；处山之阴，备山之阳；处山之左，备山之右；处山之右，备山之左。其山敌所能陵者[4]，兵备其表，衢道通谷，绝以武车，高置旌旗，谨敕三军，无使敌人知吾之情，是谓山城。行列已定，士卒已陈，法令已行，奇正已设，各置冲陈于山之表，便兵所处，乃分车骑为鸟云之陈。三军疾战，敌人虽众，其将可擒。"

【注释】

〔1〕栖：鸟栖于树上，比喻为敌所逼而不能下来。

〔2〕囚：囚禁，被敌人围困。

〔3〕鸟云之陈：如鸟雀一样流动作战的阵形。

〔4〕陵：攀登。

【译文】

太公说："大凡军队驻扎于山头高地，容易被敌人孤立；军队驻扎于山下，就容易被敌人围困。我军既然在山地环境下作战，就一定要布成鸟云阵。鸟云阵，于山南山北各个方面都要戒备，军队可屯于山北，也可以屯于山南。我军驻扎在山的南面，要戒备山的北面；军队驻扎在山的北面，要戒备山的南面；军队驻扎在山的左面，要戒备山的右面；军队驻扎在山的右面，要戒备山的左边。山上凡是敌人可能登上去的地方，就要派兵设防。对四通八达的道路和可以通行的山谷，就用战车阻塞，要高挂旌旗，严令三军，不可让敌人知道我军情况。这样就成了座'山城'。部队的行列已经排定，士卒已各就各位，法令已颁布，奇兵正兵已部署完毕，各部队都要编成'冲阵'，便于作战，再把战车和骑兵布成鸟云阵，全军要迅速猛攻，即使敌军人数众多，也可擒杀敌将。"

商·双系带銎铜钺　江西省博物馆藏。通高14.2厘米，銎长5厘米，肩宽5.7厘米，刃宽8.7厘米。

鸟云泽兵第四十八

【原文】

武王问太公曰："引兵深入诸侯之地，与敌临水相拒，敌富而众[1]，我贫而寡，逾水击之则不能前，欲久其日则粮食少。吾居斥卤之地[2]，四旁无邑，又无草木，三军无所掠取，牛马无所刍牧[3]。为之奈何？”

太公曰：“三军无备，牛马无食，士卒无粮，如此者，索便诈敌而亟去之[4]，设伏兵于后。”

【注释】

〔1〕富：军用物资储备充足。

〔2〕斥卤之地：荒芜贫瘠的盐碱地。

〔3〕刍牧：饲养、放牧。

〔4〕索便：寻找机会。

【译文】

周武王问姜太公说：“如率兵深入敌国境内，与敌军隔岸互相对峙。敌人物资充足，且人数众多，我军物资匮乏，兵力不足，想要渡河打敌军，但因军械不足，而不能攻击，想要与敌人相持，但军粮短缺。我军所在的地方是盐碱地，周围既没有城邑，也不生草木，军需物资得不到补充，牛马也无处放牧。遇到这种情况，应该怎么办呢？”

姜太公回答说：“军队没有必备的军械，牛马没有足够的饲料，士兵没有充足的军粮。在这种情况下，就应该寻求便利的时机骗过敌人，迅速转移撤离，并在部队后边设置伏兵，抵御随后追击的敌人。”

【原文】

武王曰：“敌不可得而诈，吾士卒迷惑。敌人越我前后，吾三军败乱而走。为之奈何？”

太公曰：“求途之道，金玉为主。必因敌使，精微为宝[1]。”

【注释】

〔1〕精微：精细隐蔽。

【译文】

周武王又问：“敌人没有上当，我军士兵感到十分困惑。敌人又迂回于我军的前方和后方，作进攻前的准备，我军一片混乱，士兵惶恐而逃。这时，又应该怎么办呢？”

姜太公回答说：“这时寻求出路的途径，主要以金银珠宝来疏通。须通过敌军使臣来行贿，最为重要的一点，是须秘密进行，做到滴水不漏。”

【原文】

武王曰：“敌人知我伏兵，大军不肯济，别将分队以逾于水，吾三军大恐。为之奈何？”

太公曰："如此者，分为冲陈，便兵所处。须其毕出[1]，发我伏兵，疾击其后，强弩两旁，射其左右，车骑分为鸟云之陈，备其前后，三军疾战。敌人见我战合，其大军必济水而来。发我伏兵，疾击其后，车骑冲其左右。敌人虽众，其将可走。

"凡用兵之大要，当敌临战，必置冲陈[2]，便兵所处，然后以车骑分为鸟云之陈[3]。此用兵之奇也。所谓鸟云者，鸟散而云合，变化无穷者也。"

武王曰："善哉！"

【注释】

〔1〕须：等待。

〔2〕"置"字原作"宜"，据《直解》改。

〔3〕"车"字原作"军"，据《直解》改。

【译文】

周武王又接着问："敌人知道我军预先设伏，大军不愿渡河，而是派将领率一小分队先渡河进攻，我军深感恐慌。遇到这种情况，应如何处置呢？"

姜太公回答说："这时，把军队分解成若干四武冲阵，布置在适宜作战的地形中。等到渡河进攻的那支敌军小分队全部通过，就命令我军伏兵，迅速攻打他们后部，使用两旁的强弩射击他们左右，兵车、骑兵组成鸟云阵，戒备和防卫我军前后。隔岸的敌军发现我军和他们的小分队交锋，其大队人马必然要渡河协助作战。再次发动我军伏兵，迅速攻打他们后部，兵车、骑兵攻击其左右。即使敌军人数众多，也会败亡。

"大凡用兵的关键在于，同敌军即将交锋的时候，一定要使军队组成四武冲武，布置在适宜作战的地方，然后将兵车、骑兵摆成鸟云阵。这就是用兵的奇妙之处。所谓鸟云阵，指的就是如飞鸟行云一样，聚散无常，变化无穷。"

周武王说："您讲的真是太深刻了！"

少众第四十九

【原文】

武王问太公曰："吾欲以少击众，以弱击强，为之奈何？"

太公曰："以少击众者，必以日之暮，伏于深草，要之隘路。以弱击强者，必得大国之与[1]，邻国之助。"

【注释】

〔1〕与：援助。

【译文】

周武王问姜太公说："我要以寡敌众，以弱胜强，应该怎样做呢？"

姜太公回答说："要以寡敌众，须在黄昏时，将军队埋伏在深草之中，在险要的路段截击敌军。要以弱击强，必须得到大国的援助及邻国的支持。"

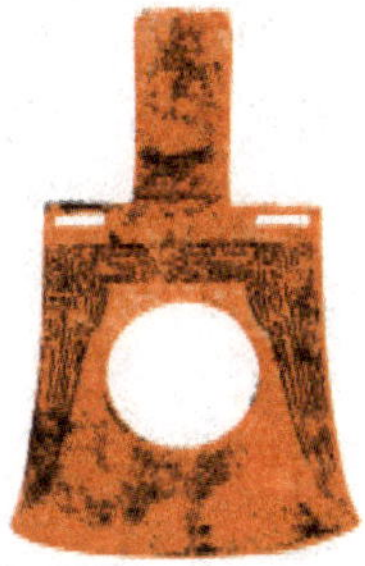

商·李家嘴盘龙城青铜钺　长41厘米，极为罕见。它象征着军事统帅的权力。

【原文】

武王曰："我无深草，又无隘路，敌人已至，不适日暮。我无大国之与，又无邻国之助。为之奈何？"

太公曰："妄张诈诱〔1〕，以荧惑其将，迂其道，令过深草；远其路，令会日暮。前行未渡水〔2〕，后行未及舍〔3〕，发我伏兵，疾击其左右，车骑扰乱其前后。敌人虽众，其将可走。事大国之君，下邻国之士〔4〕，厚其币，卑其辞。如此，则得大国之与，邻国之助矣。"

武王曰："善哉！"

【注释】

〔1〕妄张诈诱：虚张声势，欺骗引诱敌人。

〔2〕前行：先头部队。

〔3〕后行：后续、后卫部队。

〔4〕下：降尊礼遇。

【译文】

周武王又问："我军没有占据深草地区，又没有隘路可守，而敌军到达，又并非日落黄昏时，我军没有大国的支持，也没有邻国的救援。这时，该如何处置呢？"

姜太公回答说："这时，应虚张声势，诱骗迷惑敌军将领，改变敌军的行军路线，恰好路经有深草丛、我军设有埋伏的地方；还要使他们绕远路前进，正好与我伏兵在天色黄昏时遭遇。敌人的先行部队尚未渡河，后续部队还没有来得及宿营，发动我军伏兵，迅速攻击敌人左右两翼，兵车、骑兵也出动攻打其前后。虽然敌人兵多势众，但仍可以击败他们，逼其主将逃跑。能够恭恭敬敬地侍奉大国君主，谦逊有礼地对待邻国有才德的贤士，赠送丰富的礼品，使用谦卑的语言。如此，就会得到大国的支持以及邻国的援助了。”

周武王说：“您讲的真是太深刻了！”

分险第五十

【原文】

武王问太公曰：“引兵深入诸侯之地，与敌相遇于险阨之中〔1〕，吾左山而右水，敌右山而左水，与我分险相拒，各欲以守则固，以战则胜。为之奈何？”

【注释】

〔1〕险阨（è）：险阻狭窄的地形。

【译文】

周武王问姜太公说：“率兵深入敌国境内，与敌军在险隘阻塞之地遭遇。我军左面依山，右面傍水，敌军右面依山，左面傍水，与我军据险相峙对抗。我希望采取守势能够牢不可摧，出战迎敌能够一举取胜。应该怎么办呢？”

【原文】

太公曰：“处山之左，急备山之右；处山之右，急备山之左。险有大水无舟楫者，以天潢济吾三军〔1〕，已济者亟广吾道，以便战所。以武冲为前后〔2〕，列其强弩，令行陈皆固。衢道谷口，以武冲绝之，高置旌旗。是谓车城〔3〕。凡险战之法，以武冲为前，大橹为卫〔4〕，材士强弩翼吾左右。三千人为屯，必置冲陈，便兵所处。左军以左，右军以右，中军以中，并攻而前。已战者还归屯所，更战更息〔5〕，必胜乃已。”

武王曰：“善哉！”

【注释】

〔1〕天潢：一种渡河器械。

〔2〕武冲：大型战车名，即武冲大扶胥。

〔3〕车城：军阵四周布上战车如城堡般，故称车城。

〔4〕大橹：大型战车名，即武翼大橹矛戟扶胥。

〔5〕更：轮换。更战更息：军队轮番作战、休整。

商·人面铜钺　1966年出土于山东益都苏埠屯一号大墓，现藏山东省博物馆。长31.7厘米，宽35.7厘米。正反两面各有一个“亚”铭文。

【译文】

姜太公回答说："如我军占据山的左侧，就要迅速对山的右侧加强防备；如占据的是山的右侧，也要迅速对山的左侧加强防备。如果这个险要的地方有大河，但我军又无船只，就要借助天潢帮助全军渡过河。已经渡过河的军队要迅速开拓道路，创造有利于我军采取行动的环境。将武冲大扶胥摆放在军队前后，再把强弩排列开来，使行列阵势坚固；在一些要道、谷口，使用武冲大扶胥进行封锁隔绝，还要高高竖起军旗，这种使用兵车围绕进行防御，构成像城堡一样的阵势，称为车城。这种据险作战的办法，要以武冲大扶胥作为先锋出击，以武翼大橹矛戟扶胥作为后卫，精锐士兵和强弩用来护卫我军左右两翼。每三千人编为一屯，必须结成四武冲阵，布置在适宜作战的地方。左军在左路发起进攻，右军在右路发起进攻，中军在中间发起进攻，应并驾齐驱，共同进发。各部轮流休整，轮流能战，必须击败敌军取得胜利，才可停止作战。"

周武王说："您讲的真是太奇妙了！"

犬　韬·分兵第五十一

【原文】

武王问太公曰："王者帅师，三军分为数处，将欲期会合战[1]，约誓赏罚[2]，为之奈何？"

【注释】

〔1〕期会合战：约定好时间、地点来与敌交战。

〔2〕誓：古代出征前宣誓的仪式。

【译文】

武王问太公说："君王统率军队，全军分驻各地，主将想协同作战，全军誓师，赏罚分明，应该怎么办？"

【原文】

太公曰："凡用兵之法，三军之众，必有分合之变。其大将先定战地、战日，然后移檄书与诸将吏[1]，期攻城围邑，各会战所，明告战日。漏刻有时[2]，大将设营而陈，立表辕门[3]，清道而待。诸将吏至者，校其先后，先期至者赏，后期至者斩。如此，则远近奔集。三军俱至，并力合战。"

【注释】

〔1〕檄书：古代官府用来征召、晓谕或声讨的文书。

〔2〕漏刻有时：规定军队到达的时间。

〔3〕立表：计算时间而竖起的木头。辕门：古时军营之正门。

商晚期·兽面纹大钺　高34.3厘米，宽36.5厘米，重5800克，现藏于北京故宫博物院。雕刻细腻华丽，是青铜钺中的精品。

【译文】

太公说："用兵的法则，由于三军将士众多，必然有分散和集中作战的变化。主将须预先确定会师交战的地点、时间，然后用战时公文给各位将领，约定围攻的城邑，各军应集中的地点、开战的日期和部队进入指定位置的时间。主将设营布阵，在营门设立标竿，以测量时间，清理道路，等待各部队将吏前来报到。诸位将吏到达时，要核对他们到达的先后，提前赶到的有赏，迟到的杀头示众。这样，不论远近，都会迅速赶来会师，三军全部到达后，就能集中力量与敌交战了。"

武锋第五十二

【原文】

武王问太公曰："凡用兵之要，必有武车骁骑，驰陈先锋，见可则击之，如何则可击？"

太公曰："夫欲击者，当审察敌人十四变[1]。变见则击之，敌人必败。"

【注释】

〔1〕审：认真、仔细。

【译文】

武王问太公说："凡用兵，必须有威武的战车、骁勇的骑兵、可以冲锋陷阵的勇士，见敌人有可乘之机就攻击。那么，究竟什么样的时机才可以攻击呢？"

太公说："我军想对敌人发动攻击，首先应仔细观察敌军的'十四变'，这十四种情况出现时，就可对敌发起攻势，敌人必定被打败。"

【原文】

武王曰："十四变可得闻乎？"

太公曰："敌人新集可击，人马未食可击，天时不顺可击，

地形未得可击，奔走可击，不戒可击，疲劳可击，将离士卒可击，涉长路可击，济水可击，不暇可击，阻难狭路可击，乱行可击，心怖可击。”

【译文】

武王说：“这十四种情况如何解释呢？”

太公说：“敌人刚刚集结，立足未稳时可以攻击；敌军人马饥饿时可以攻击；天气、季节对敌不利可以攻击；地形对敌不利可以攻击；敌人奔走慌乱时可以攻击；敌人无准备可以攻击；敌人疲惫劳累可以攻击；敌人将帅离开部队时可以攻击；敌军长途跋涉后可以攻击；敌军渡河时可以攻击；敌军慌乱不堪时可以攻击；敌军通过险阻隘路时可以攻击；敌人队列混乱时可以攻击；敌人军心惧怕时可以攻击。”

练士第五十三

【原文】

武王问太公曰：“练士之道奈何[1]？”

【注释】

〔1〕练士之道：挑选士卒的方法。练，古同“拣”，选择、挑选。

【译文】

武王问太公说：“挑选士卒的方法有哪些呢？”

【原文】

太公曰：“军中有大勇、敢死、乐伤者，聚为一卒[1]，名曰冒刃之士。有锐气、壮勇、强暴者，聚为一卒，名曰陷陈之士。有奇表、长剑，接武齐列者[2]，聚为一卒，名曰勇锐之士。有拔距、伸钩[3]，强梁多力[4]，溃破金鼓，绝灭旌旗者，聚为一卒，名曰勇力之士。有逾高绝远，轻足善走者，聚为一卒，名曰寇兵之士。有王臣失势，欲复见功者，聚为一卒，名曰死斗之士。有死将之人子弟，欲与其将报仇者，聚为一卒，名曰敢死之士。有赘婿、人虏，欲掩迹扬名者，聚为一卒，名曰励钝之士[5]。有贫穷愤怒，欲快其心者，聚为一卒，名曰必死之士。有胥靡免罪之人[6]，欲逃其耻者，聚为一卒，名

曰幸用之士〔7〕。有材技兼人，能负重致远者，聚为一卒，名曰待命之士。此军之练士，不可不察也。”

【注释】

〔1〕卒：古代军队编制的一级单位。

〔2〕接武：前后足迹相连结。形容步伐稳健整齐。武，足迹。

〔3〕拔距、伸钩：形容人力量很大。拔距，古代练习武功的活动。

〔4〕强梁：强悍、强暴。

〔5〕励钝：激励迟钝萎靡之人，使他振作。

〔6〕胥靡：古代服劳役的刑徒。

〔7〕幸用之士：追求侥幸立功的人。

【译文】

太公说：“军队中有大勇、不怕死、以负伤为乐的，把他们编为一队，称为‘冒刃之士’；有锐气十足、强悍勇猛、蛮横凶暴的士卒，把他们编为一队，称为‘陷阵之士’；有装束奇特、善使长剑、队列中稳健整齐的士卒，把他们编为一队，称为‘勇锐之士’；有臂力过人、强横有力、能冲入敌阵捣毁敌人金鼓、拔除敌人旌旗的士卒，把他们编为一队，称为‘勇力之士’；有能翻越高山、走远路、轻足善走的士卒，把他们编为一队，称为‘寇兵之士’；有失势的大臣，想要重建功勋的，把他们编为一队，称为‘死斗之士’；有阵亡将帅的子弟，要为其父兄报仇的，把他们编为一队，称为‘敢死之士’；有因家贫被招赘或在战场上被俘虏，要求扬名遮丑的，把他们编为一队，称为‘励钝之士’；有贫困不得志，想建功立业来实现志向的，把他们编为一队，称为‘必死之士’；有刑满释放，想掩盖他们过去的耻辱的，把他们编为一队，称为‘幸用之士’；有才艺超人，能任重道远的，把他们编为一队，称为‘使命之士’。这就是从军中挑选士卒的方法，不可不慎重考虑啊！”

教战第五十四

【原文】

武王问太公曰：“合三军之众，欲令士卒服习教战之道奈何〔1〕？”

【注释】

〔1〕服习：熟练掌握。原文作“练士”，据《直解》改。教战：军事训练。

【译文】

周武王问姜太公说："集合全军将士，让士卒不断地进行军事训练，能够熟练地掌握各种作战方法，应该采取什么方法呢？"

【原文】

太公曰："凡领三军，必有金鼓之节[1]，所以整齐士众者也。将必先明告吏士，申之以三令[2]，以教操兵起居、旌旗指麾之变法[3]。故教吏士，使一人学战，教成，合之十人；十人学战，教成，合之百人；百人学战，教成，合之千人；千人学战，教成，合之万人；万人学战，教成，合之三军之众；大战之法，教成，合之百万之众。故能成其大兵，立威天下。"

武王曰："善哉！"

【注释】

〔1〕"必"字原脱，据《汇解》补。节：节制，指挥。

〔2〕申：明告，告诫。

〔3〕操兵：使用兵器。起居：战术中的各种基本动作。指麾：指挥。变法：指号令及动作、阵形的各种变化方法。

【译文】

商晚期·兽面纹钺　高18.4厘米，宽8.6厘米，重520克。现藏于北京故宫博物院。

姜太公回答说："凡统率军队，须以金鼓来进行指挥，使士卒的行动保持一致。将领事先必须明确地告诉全军将士训练的方法，要再三讲清一些事项。接着给他们讲解兵器的使用方法，行列阵势的布置方式以及依旗进行相应变化的方法。这样在训练将士时，就可先选一人学习各种作战技巧，训练完毕后，可以聚集十人一同训练；十个人学习各种作战技巧，训练完毕就可招集一百人一同训练；一百人学习各种作战技巧，训练完毕，就可招集一千人一同训练；一千人学习各种作战技巧，训练完毕，就可招集一万人一同训练；一万人学习各种作战技巧，训练完毕，就可召集三军将士一同训练；规模较大的作战方法，是全军共同接受训练，训练完毕，就可招集百万大军一同训练。因此，使用这种方法可以训练出一支强大的军队，从而扬威于天下。"

周武王说："您讲的真是太深刻了！"

均兵第五十五

【原文】

武王问太公曰："以车与步卒战，一车当几步卒？几步卒当一车？以骑与步卒战，一骑当几步卒？几步卒当一骑？以车与骑战，一车当几骑？几骑当一车？"

太公曰："车者，军之羽翼也[1]，所以陷坚陈，要强敌，遮走北也。骑者，军之伺候也[2]，所以踵败军[3]，绝粮道，击便寇也[4]。故车骑不敌战[5]，则一骑不能当步卒一人。三军之众成陈而相当，则易战之法[6]，一车当步卒八十人，八十人当一车；一骑当步卒八人，八人当一骑；一车当十骑，十骑当一车。险战之法[7]，一车当步卒四十人，四十人当一车；一骑当步卒四人，四人当一骑；一车当六骑，六骑当一车。夫车骑者[8]，军之武兵也[9]，十乘败千人，百乘败万人；十骑败百人，百骑走千人。此其大数也。"

【注释】

〔1〕羽翼：本篇指战车可大大增强军队的战斗力。
〔2〕伺候：担任侦察、突击任务的部队。
〔3〕踵：脚后跟，此处为跟踪，追击。
〔4〕便寇：指行动便利、迅速的敌人。
〔5〕敌战：这里指能充分发挥作用的条件。
〔6〕易战：平坦开阔地形的作战。
〔7〕险战：崎岖狭窄地形的作战。
〔8〕"车"字原文作"卒"，据《直解》改。
〔9〕武兵：实力强大的兵种。

【译文】

周武王问姜太公说："如使用兵车与敌军步兵作战，一辆兵车的战斗力可与多少名步兵相当？使用骑兵同敌军步兵作战，一名骑兵的战斗力可与多少名步兵相当？使用兵车同敌军骑兵作战，一辆兵车的战斗力可与多少名骑兵相当？"

姜太公回答说："兵车，如羽翼的作用，威力强大，可用来攻陷敌人坚固的阵地，阻击强敌，拦截奔逃的敌兵。骑兵，可用来侦察窥探敌情，可以追赶落荒而逃的敌军，截断敌军粮道，袭击溃散的敌军。因此，兵车和骑兵若是不能布置在合适的位置，其战斗力就无法充分发挥出来，这样的话，一名骑兵的力量甚至不能与一名步兵相比。如全军将士列好阵势，各类队伍协同作战，那么在地势平坦处作战，一辆兵车的力量可抵八十名步兵，八十名步兵等于一辆兵车；一名骑兵的力量可抵八名步兵，八名步兵等于一名骑兵；一辆兵车的力量可抵十名骑兵，十名骑兵等于一辆兵车。在地势险要的阵地作战，一辆兵车的力量可抵四十名步兵，四十名步兵等于一辆兵车；一名骑兵的力量可抵四名步兵，四名步兵等于一名骑兵；一辆兵车的力量可抵六名骑兵，六名骑兵等于一辆兵车。兵车和骑兵在所有的兵种中最为快迅有力。十辆兵车可击败敌军千名步卒，百辆兵车可击败敌军万名步兵；十名骑兵可击败敌军百名步兵，百名骑兵可击溃敌军千名步兵。这些是大概的数字。”

商·玉刃矛　矛是一种带有尖锐刃器的长直形刺杀兵器。最初用尖形的石块或骨角做矛头，绑在竹木杆上。商周时期，矛头改用青铜制造，与戈、戟、殳、弓矢并列为“五兵”。战国以后，改为铁制。由于枪的出现和兴起，矛的作用减弱，晋以后矛逐渐演变为枪。

【原文】

武王曰：“车骑之吏数与阵法奈何？”

太公曰：“置车之吏数：五车一长，十车一吏，五十车一率[1]，百车一将。易战之法：五车为列，相去四十步，左右十步，队间六十步。险战之法：车必循道[2]，十车为聚[3]，二十车为屯，前后相去二十步，左右六步，队间三十六步，五车一长[4]，纵横相去二里，各返故道。置骑之吏数：五骑一长，十骑一吏，百骑一率，二百骑一将。易战之法：五骑为列，前后相去二十步，左右四步，队间五十步。险战者：前后相去十步，左右二步，队间二十五步，三十骑为一屯，六十骑为一辈[5]，十骑一吏[6]，纵横相去百步，周环各复故处[7]。”

武王曰：“善哉！”

【注释】

〔1〕率：军队官职名。

〔2〕循道：沿着道路行动。
〔3〕聚：古代战车编制单位，下文“屯”字亦同。
〔4〕“五车一长”四字疑衍,《直解》无此四字。
〔5〕辈：古代骑兵编制单位。
〔6〕“十骑一吏”四字疑衍,《直解》无此四字。
〔7〕周环：周旋，此指交战。

【译文】

周武王又问：“战车、骑兵的军官配备以及作战方法该如何确定呢？”

姜太公回答说：“战车部队军官的配备情况是：每五辆兵车设立一长，每十辆兵车设立一吏，每五十辆兵车设立一率，每一百辆兵车设立一将。地势平坦的地方作战，队形的排列应是：每五辆兵车为一列，兵车间前后间隔四十步，左右间隔十步，车队之间间隔六十步。在地势险要的地方作战，队形的排列应是：兵车都必然顺着大道前进，每十辆兵车组成一聚，每二十辆兵车组成一屯，兵车间前后间隔为二十步，左右间隔为六步，车队之间为三十六步。每五辆兵车设立一长，战斗中同一车队的兵车前后左右相距不能超过二里，战斗结束后各辆兵车都要返回原来位置。骑兵队伍中官吏的配置应该是：每五名骑兵设立一长，每十名骑兵设立一吏，每一百名骑兵设立一率，每二百名骑兵设立一将。在地势平坦的地方作战，队形的排列应是：每五名骑兵为一列，骑兵之间前后间隔为二十步，左右距离为四步，骑队之间间隔为五十步。在地势险要的地方作战，队形的排列应是：骑兵之间前后间隔为十步，左右距离为二步，骑队之间间隔为二十五步，每三十名骑兵组成一屯，每六十名骑兵组成一辈。每十名骑兵设立一长，战斗中骑兵前后左右相距不能超过一百步，战斗结束后各自回到原来的位置。”

春秋·夫差矛　长29.5厘米，宽3厘米，1983年湖北江陵马山5号墓出土，湖北省博物馆藏。基部有“吴王夫差自作用矛”两行八字错金铭文。

周武王说：“您讲的真是太奇妙了！”

武车士第五十六

【原文】

武王问太公曰：“选车士奈何？”

太公曰：“选车士之法：取年四十已下，长七尺五寸已上，走能逐奔马，及驰而乘之，前后、左右、上下周旋[1]，能缚束旌旗[2]；力能彀八石弩[3]，射前后左右，皆便习者，名曰武车之士，不可不厚也。”

【注释】

〔1〕周旋：应战的意思。

〔2〕缚束：捆绑。此处引申为擎举旌旗。

〔3〕彀：张满弓弩。

【译文】

武王问太公说：“挑选车士的方法是什么呢？”

太公说：“选拔战车上武士的标准是：选取年龄在四十岁以下，身高七尺五寸以上；跑起来能追得上奔马，并在奔驰中跳上战车；可以在马背上前后、左右、上下多方位对敌应战，能执掌旌旗；力大可拉满八石的硬弩，熟练地向前后左右射击，这种士卒称为‘武车之士’，不能不另眼相看。”

武骑士第五十七

【原文】

武王问太公曰：“选骑士奈何[1]？”

【注释】

〔1〕骑士：即骑兵。

【译文】

周武王问姜太公说：“应该怎样挑选骑兵呢？”

【原文】

太公曰：“选骑士之法：取年四十已下，长七尺五寸已上，壮健捷疾，超绝伦等[1]，能驰骑彀射[2]，前后左右，周旋进退，越沟堑，登丘陵，冒险阻，绝大泽[3]，驰强敌，乱大众者，名曰武骑之士，不可不厚也。”

【注释】

〔1〕超绝：远远超过。伦等：同辈。

〔2〕驰骑彀射：即骑在奔马之上张弓射箭。

〔3〕绝：渡过。大泽：大江大河。

【译文】

姜太公回答说："挑选骑兵的标准是：选取年龄在四十岁以下，身高在七尺五寸以上，身强体健，动作敏捷，能力超群，还能在奔驰的马上，拉弓射击，前后左右，进退转身，都应付自如，翻越沟堑，登高山，闯艰险困阻，渡大水，进攻强敌，使敌军兵众大乱的人，这种人被称作'武骑之士'，不能不另眼相看。"

战车第五十八

【原文】

武王问太公曰："战车奈何[1]？"

太公曰："步贵知变动，车贵知地形，骑贵知别径奇道[2]，三军同名而异用也。凡车战之死地有十，其胜地有八[3]。"

【注释】

〔1〕战车：使用战车作战。

〔2〕别径奇道：小道、捷径。

〔3〕胜地：具备取胜有利条件的地形。

【译文】

周武王问姜太公说："如何运用兵车与敌作战呢？"

姜太公回答说："步兵进行作战，重要的是能依据形势不同的变化，采取相应的对策；兵车进行作战，重要的是地形情况；骑兵进行作战，重要的是要熟知道路状况；这三个兵种虽都是作战部队，但所起的具体作用是不同的。对于兵车来说，使其陷入极端困难的境地有十种情况，使其能够挫败敌军的有利情况有八种。"

【原文】

武王曰："十死之地奈何？"

太公曰："往而无以还者，车之死地也。越绝险阻，乘敌远行者[1]，车之竭地也[2]。前易后险者，车之困地也。陷之险阻而难出者，车之绝地也[3]。圮下渐泽[4]，黑土黏埴者[5]，车之劳地也[6]。左险右易，上陵仰阪者[7]，车之逆地也。殷草横亩，犯历深泽者，车之拂地也[8]。车少地易，与步不敌者[9]，车之败地也。后有沟渎，左有深水，右有峻阪者，车

之坏地也。日夜霖雨，旬日不止，道路溃陷，前不能进，后不能解者，车之陷地也。此十者，车之死地也。故拙将之所以见擒，明将之所以能避也。”

【注释】

〔1〕乘敌：追击敌人。

〔2〕竭地：精疲力竭之地。

〔3〕绝地：进退无路之地。

〔4〕圮(pǐ)：毁坏。下：低洼。渐泽：低洼潮湿。

〔5〕黏埴：土地湿黏。

〔6〕劳地：人马劳困之地。

〔7〕陵：山陵，丘陵。仰：此指登上。阪(bǎn)：山坡。

〔8〕拂：逆，违背。

〔9〕不敌：本篇指步兵与战车的数量不配。

【译文】

周武王问：“使兵车陷入困境的十种情况有哪些呢？”

姜太公回答说：“只可前进不可后退，此类情况为兵车的死地。克服重重艰难险阻，追逐敌人，长途行军，人困马乏，此类情况为兵车的竭地。前方平坦而后面险要，此类情况为兵车的困地。陷入危险的地形中，无法脱身，这种情况为兵车的绝地。道路坍塌，地势低洼而且潮湿，黑土黏泥，行进困难，此类情况为兵车的劳地。左侧是险峻的山地，右侧是平坦的土地，但又要登山爬坡，此类情况为兵车的逆地。要穿过莽莽深草地，还要涉过深水，此类情况为兵车的拂地。由于兵车的数量少，所处地形平坦，也不能和敌军步兵相抵抗，此类为兵车的败地。背后是沟渠，左面是深水，右面是险峻的山坡，此类情况为兵车的坏地。大雨连绵多日，下个不停，道路被淋毁坍陷，向前无法行进，向后又无法撤退，此类情况为兵车的陷地。遇到这十种情况，都是兵车难以逃脱的危险境地。因此，蠢笨的将领遇上这些情况总是难免被擒，聪明机智的将领则能避开。”

春秋后期·有钩矛　长23厘米，宽9.4厘米，重240克。此矛同时带有刃弯钩，使之能刺能钩，提高了杀伤力。但是使用钩的时候，其反向作用力易使矛头脱落。此类钩矛在后世发现极少。

【原文】

武王曰：“八胜之地奈何？”

太公曰：“敌之前后行陈未定，即陷之[1]。旌旗扰乱，人

马数动，即陷之。士卒或前或后，或左或右，即陷之。陈不坚固，士卒前后相顾，即陷之。前往而疑，后恐而怯，即陷之。三军卒惊，皆薄而起〔2〕，即陷之。战于易地，暮不能解〔3〕，即陷之。远行而暮舍，三军恐惧，即陷之。此八者，车之胜地也。将明于十害八胜，敌虽围周〔4〕，千乘万骑，前驱旁驰，万战必胜。”

武王曰：“善哉！”

【注释】

〔1〕陷：攻击。

〔2〕薄：被逼迫而仓促行动。

〔3〕解：脱离战斗。

〔4〕围周：四周包围。

【译文】

周武王又问：“能使兵车获胜的八种有利形势又是什么？”

姜太公回答说：“敌军前后阵形未定时，我军发起攻势，使用兵车进攻，可获胜。敌军旗帜混杂，不停地调遣人马，这时使用兵车进攻，可获胜。敌军行动不一致，有的向前，有的向后，有的向左，有的向右，这时使用兵车进攻，可获胜。敌军阵势不坚固，士兵们不住地前张后望，军心不稳，这时使用兵车进攻，可获胜。敌军想要前进又有所迟疑，想要后退而又胆怯不安，这时使用兵车进攻，可获胜。敌军发生自相惊扰，趁他们起身察看，尚未作好准备时，使用兵车进攻，可获胜。在地形平坦处交战，天黑时战斗仍没有结束，这时使用兵车进攻，可获胜。敌军经过长途跋涉，日落后宿营，全军既困倦，又惧怕作战，这时使用兵车进攻，可获胜。这八种情况，都被看作是兵车的胜地。如果将领明确地掌握住使用兵车作战的十种死地和八种胜地，即使将我军团团围住，以成千上万的兵车、骑兵正面攻击，两侧袭击，我军也能够所向无敌，战无不胜。”

周武王说：“您讲的真是太深刻了！”

战骑第五十九

【原文】

武王问太公曰：“战骑奈何？”

太公曰：“骑有‘十胜’、‘九败’〔1〕。”

【注释】

〔1〕十胜：十种制胜的战机。原文只有八胜，疑有脱简。九败：九种致败的地形。

【译文】

武王问太公说："骑兵的作战方法怎样呢？"

太公说："骑兵作战有'十胜'、'九败'。"

【原文】

武王曰："'十胜'奈何？"

太公曰："敌人始至，行陈未定，前后不属，陷其前骑，击其左右，敌人必走。敌人行陈整齐坚固，士卒欲斗，吾骑翼而勿去，或驰而往，或驰而来，其疾如风，其暴如雷，白昼而昏，数更旌旗，变易衣服，其军可克。敌人行陈不固，士卒不斗，薄其前后，猎其左右[1]，翼而击之，敌人必惧。敌人暮欲归舍，三军恐骇，翼其两旁，疾击其后，薄其垒口[2]，无使得入，敌人必败。敌人无险阻保固，深入长驱，绝其粮路，敌人必饥。地平而易，四面见敌，车骑陷之，敌人必乱。敌人奔走，士卒散乱，或翼其两旁，或掩其前后，其将可擒。敌人暮返，其兵甚众，其行陈必乱，令我骑十而为队，百而为屯，车五而为聚，十而为群，多设旌旗，杂以强弩，或击其两旁，或绝其前后，敌将可虏。此骑之'十胜'也。"

【注释】

〔1〕猎：此处指袭击。

〔2〕垒口：营垒之入口。

【译文】

武王问："'十胜'是指什么？"

太公说："敌人刚到，行阵还未稳定，前后互不联系，我军立即用骑兵攻破它的骑兵，夹击其两翼，敌人必定逃走。敌军行列整齐，阵势坚固，士卒斗志高昂，我军骑兵应咬住敌军两翼不放，有的急驰而往，有的飞奔而来，快速如风，猛烈如雷，尘土弥漫，白昼如同黄昏，多次更换旌旗，变换服装，以迷惑敌军，这样敌军可以被打败。敌军的行列阵势不稳固，士卒没有斗志，我军应迫近它的正面和后方，袭击它的左右，从两翼夹击敌军，敌人必定惊惧。敌军日暮想回营，军心惊恐，我军骑兵夹击其左右两翼，迅速攻击其后

战国晚期·寺工矛　通长17.6厘米，叶长11.6厘米，叶宽3.6厘米，骹长6厘米。窄叶形，有脊，脊两侧有血槽，通体中空，唯锋端2厘米处为实心，圆銎。骹上刻铭文2字，铭文释文为寺工。

尾，迫近敌军营垒的出入口，不许敌人进入，敌军必定失败。敌军没有险阻地形可固守保护自己，我骑兵便可长驱直入，切断敌人粮道，敌人必因饥饿而失败。敌军所处地形平坦，四面受敌，我骑兵应配合战车攻击它，敌人必定溃败。敌人败逃，士兵散乱，我骑兵或从两翼夹击，或袭击其前后，敌将帅就会被擒。敌人日暮返回营地，士兵众多，队形必然混乱，命令我骑兵十人为一队，百人为一屯，战车五辆为一聚，十辆为一群，多设旗帜，配备强弩，或攻击其两翼，或从中截断敌军，敌军将帅可以被俘。（九、十两条胜计失传）这是骑兵作战的十种取胜战机。”

【原文】

武王曰：“‘九败’奈何？”

太公曰：“凡以骑陷敌，而不能破陈，敌人佯走，以车骑返击我后，此骑之败地也。追北逾险，长驱不止，敌人伏我两旁，又绝我后，此骑之围地也。往而无以返，入而无以出，是谓陷于‘天井’，顿于‘地穴’〔1〕，此骑之死地也。所从入者隘，所从出者远，彼弱可以击我强，彼寡可以击我众，此骑之没地也。大涧深谷，翳薉林木，此骑之竭地也。左右有水，前有大阜，后有高山，三军战于两水之间，敌居表里〔2〕，此骑之艰地也〔3〕。敌人绝我粮道，往而无以返，此骑之困地也。污下沮泽〔4〕，进退渐洳〔5〕，此骑之患地也〔6〕。左有深沟，右有坑阜〔7〕，高下如平地，进退诱敌，此骑之陷地也〔8〕。此九者，骑之死地也。明将之所以远避，暗将之所以陷败也。”

【注释】

〔1〕地穴：下陷的土地。

〔2〕表里：指内外有利之地形。

〔3〕艰地：行动艰难的地形。

〔4〕沮泽：水草所聚的地方。

〔5〕渐洳：低湿泥泞的地带。

〔6〕患地：灾难性的地形。

〔7〕坑阜：地形高低凹凸不平。

〔8〕陷地：一经陷入即难以摆脱的地形。

【译文】

武王说："九种不利又是什么呢？"

太公说："凡是用骑兵攻击敌人，而不能攻破敌阵，敌人佯装逃走，而以战车和骑兵反攻我军后方，这就使我军骑兵陷入了'败地'。我军追击败退的敌人，越过险阻，长驱直入而不停止，而敌人埋伏在我军两旁，又断绝了我军后路，这就使我骑兵陷入了'围地'。前进后无法撤退，进去后无法出来，这叫陷入'天井'之内，困于'地穴'之中，这种地形是骑兵的'死地'。如入口的道路狭窄，出口处的道路迂回遥远，敌军虽弱却可以击强，虽少却可以击众，这就使我军陷入了'没地'。大涧深谷，林木茂盛，活动困难，这就使我骑兵陷入了'竭地'。左右有水，前有大岭，后有高山，我三军在两水之间作战，敌人内凭山险，外据水道，这就使我骑兵陷入了'艰地'。敌人断我粮道，我只有进路而无退路，这就使我骑兵陷入了'困地'。处在地势低洼和水草丛生的地方，出来进去都是泥泞，这就使我们陷入了'患地'。左有深沟，右有坑洼和土山，从高向下看就像平地一样，无论进退都可能招致敌人的攻击，这就使我骑兵进入了'陷地'。这九种地形，都是骑兵作战的失败之地。聪明机智的将帅就会避开这些不利情况，愚笨的将帅就不免要遭遇失败。"

战步第六十

【原文】

武王问太公曰："步兵车骑战奈何？"

太公曰："步兵与车骑战者，必依丘陵险阻，长兵强弩居前，短兵弱弩居后，更发更止。敌之车骑，虽众而至，坚陈疾战，材士强弩，以备我后。"

武王曰："吾无丘陵，又无险阻，敌人之至，既众且武，车骑翼我两旁，猎我前后，吾三军恐怖，乱败而走，为之奈何？"

太公曰："令我士卒为行马、木蒺藜，置牛马队伍，为四武冲陈。望敌车骑将来，均置蒺藜，掘地匝后[1]，广深五尺，名曰'命笼'[2]。人操行马进退，阑车以为垒，推而前后，立而为屯，材士强弩，备我左右。然后令我三军，皆疾战而不解[3]。"

武王曰："善哉！"

【注释】

〔1〕掘地匝后：指四周开掘壕沟。

〔2〕命笼：指军阵四周的环形防御枢纽，包括沟堑等。

〔3〕解：通“懈”，松懈、懈怠。

商·铜钩戟　戟是在戈和矛的基础上演进而成的。我国目前发现最早的戟出现于商代。由于戟比戈和矛更为先进，它很快成为将士们作战的格杀利器。西周时期出现了整体铸造的戟。戟在古代不仅是军队中的主要兵器，而且常常作为武器的泛称，古代的士兵多称为“持戟之士”。

【译文】

武王问太公曰：“步兵与战车、骑兵部队如何协同作战呢？”

太公说：“步兵与战车、骑兵作战，必须依靠丘陵、险阻的地形列阵，把长兵器和强弩配置在前面，把短兵器和弱弩放在后面，轮流战斗轮番休息。敌人的战车和骑兵即便大量到达，我军仍可坚守有利地形，勇猛战斗，并使用猛士强弩，戒备好我军后方。”

武王说：“我军无丘陵，又无险阻可以利用，敌人到来时，兵力既多又强，战车和骑兵包围我军两翼，袭击我军的前后，我三军恐惧，溃败而逃，对此该如何处理呢？”

太公说：“令我士卒制作行马和木蒺藜等障碍物，将牛、马集中起来编成一队，把步兵结成‘四武冲阵’。望见敌人的车骑即将到来，就在他来的方向，广布铁蒺藜，并掘成环形的壕沟，深宽各五尺，叫作‘命笼’。士兵带着行马进退，用车辆组成营垒，推着它前后移动，停下来就成为营寨，用猛士强弩戒备左右，然后即可命我三军迅速投入战斗，不可有任何的懈怠。”

武王说：“您说的真是太有道理了！”

三　略

上　略

【原文】

夫主将之法[1]，务揽英雄之心[2]，赏禄有功[3]，通志于众[4]。故与众同好[5]，靡不成[6]；与众同恶，靡不倾。治国安家，得人也；亡国破家，失人也。含气之类[7]，咸愿得其志。

【注释】

〔1〕主将：国家最高统帅。

〔2〕英雄：才能出众、勇武超群的人。

〔3〕赏禄：赏赐官位俸禄。

〔4〕通志：意志相通。

〔5〕好（hào）：爱好，喜好。引申谓愿望。

〔6〕靡（mǐ）：无，没有。

〔7〕含气之类：泛指一切有生命者。本篇特指人类。

【译文】

君王治国统军的方法，就是一定要收揽天下英雄的心。把禄位赏赐给有功的人，使众人理解自己的志向。所以，与众人追求的目标相同，这个目标没有不实现的；与众人憎恨的敌人相同，这个敌人没有不完蛋的。国治家安，是由于得到了人心；国亡家破，是由于失去了人心。因为所有的人，都有实现自己志向的愿望。

【原文】

《军谶》曰[1]：柔能制刚，弱能制强[2]。柔者，德也；刚者，贼也[3]；弱者，人之所助；强者，怨之所攻。柔有所设，刚有所施，弱有所用，强有所加。兼此四者而制其宜。

【注释】

〔1〕《军谶》：古代兵书名，已佚。

〔2〕柔能制刚，弱能制强：以柔弱之法战胜刚强的敌人。

〔3〕贼：贼患；祸害。

【译文】

《军谶》说：柔能制服刚，弱能战胜强。适中的柔是一种美德，刚是一种祸害。弱小者容易得到人们的同情和帮助，强大者易于受到人们的怨恨和攻击。有时候要用柔，有时候要用刚，有时候要示弱，有时候要用强。应该把这四者结合起来，根据情况的发展变化，而巧妙地加以运用。

【原文】

端末未见[1]，人莫能知。天地神明，与物推移[2]。变动无常，因敌转化。不为事先[3]，动而辄随。故能图制无疆[4]，扶成天威[5]，匡正八极[6]，密定九夷[7]。如此谋者，为帝王师。

【注释】

〔1〕端末：事情的开始与结束。

〔2〕天地神明，与物推移：意思是，天地间一切神灵奥妙，都是随着事物的推移而变化的。神明，天地间一切神灵的总称。推移，指事物的变化发展。

〔3〕不为事先：意思是，不要情况不明就先行动。

〔4〕图制无疆：谓图谋制敌而无往不胜。

〔5〕扶成天威：意谓辅佐君主树立威信。扶成，辅助其成功。天威，本谓上天之威严，这里指君王的威权。

〔6〕匡正八极：拯救接济天下。匡正，扶正拯救。八极，指天下。

〔7〕密定九夷：安定各少数民族。九夷，我国古代东方的九种部族。

【译文】

事物的本质还没有完全显现出来，没有人能了解全部情况。天地运行的玄妙规律，可以通过万物的变化表现出来。敌我双方的形势也是变化无常的，必须根据敌情的变化而制定不同的方略。在形势没有发展成熟之前不要贸然行事，一旦时机成熟，便应立即采取相应的对策。这样就可以百战百胜，辅佐君王取威定霸、一统天下、安定四方了。有如此谋略的人，便可以做帝王的老师了。

【原文】

故曰，莫不贪强，鲜能守微[1]；若能守微，乃保其生。圣人存之[2]，动应事机[3]，舒之弥四海，卷之不盈杯，居之不以室宅，守之不以城郭，藏之胸臆，而敌国服。

【注释】

〔1〕鲜能守微：很少能够持守“柔能制刚，弱能制强”的微妙。鲜(xiǎn)，少。守，持守、掌握。微，指“柔能制刚，弱能制强”的微妙。

〔2〕圣人：旧时通常指具有高超道德智慧的人，也是对帝王的尊称。本篇指

君主或帝王。

〔3〕事机：谓行事的时机，成就事业的机会。

【译文】

古语说，人没有不争强好胜的，却很少有人掌握刚柔强弱这个幽深精微的道理。如果能掌握这个道理，也就可以保身了。圣人掌握了这个道理，他的行动总能抓住时机。这个幽深精微的道理，舒展开来足以遍布四海，收拢起来却不满一杯。无须用房舍去安置它，无须用城郭去守护它。然后将它藏于胸中，巧妙地加以运用，就可以使敌国屈服了。

西周·三穿戟　通高23厘米，宽18.5厘米，重320克。现藏于北京故宫博物院。

【原文】

《军谶》曰：能柔能刚，其国弥光[1]；能弱能强，其国弥彰[2]。纯柔纯弱，其国必削；纯刚纯强，其国必亡。

【注释】

〔1〕弥光：更加光明。弥，更加。

〔2〕弥彰：更加昌盛。彰，昌盛。

【译文】

《军谶》说：既能柔，又能刚，则国家就会充满光明；既能弱，又能强，则国势昌盛。单纯用柔用弱，则国力必然削弱；单纯用刚用强，则国家一定会招致灭亡。

【原文】

夫为国之道[1]，恃贤与民。信贤如腹心，使民如四肢，则策无遗。所适如支体相随[2]、骨节相救，天道自然[3]，其巧无间。

【注释】

〔1〕道：这里指事理、规律、法则、原则。

〔2〕所适：指军队行动。支体：即“肢体”，指整个身体或单指四肢。

〔3〕天道自然：自然界不经人力干预而存在发展变化。

【译文】

治理国家的道理，关键在于依靠贤能的大臣和广大百姓。信任贤者如同自己的心腹，使用人民如用自己的手足，政令便不会有什么纰漏了。这样，行动起来便会像四肢与躯干一样协调，像各个关节一样互相照应，像天道运行一样顺乎自然，巧妙得没有一点痕迹。

【原文】

军国之要，察众心，施百务。危者安之，惧者欢之，叛者还之，冤者原之，诉者察之，卑者贵之，强者抑之，敌者残之，贪者丰之，欲者使之，畏者隐之，谋者近之，谗者覆之[1]，毁者复之[2]，反者废之，横者挫之，满者损之，归者招之，服者居之，降者脱之。获固守之，获阨塞之，获难屯之[3]，获城割之[4]，获地裂之[5]，获财散之。敌动伺之，敌近备之，敌强下之，敌佚去之[6]，敌陵待之，敌暴绥之[7]，敌悖义之，敌睦携之[8]。顺举挫之，因势破之，放言过之[9]，四网罗之[10]。得而勿有[11]，居而勿守[12]，拔而勿久[13]，立而勿取[14]；为者则己，有者则士[15]，焉知利之所在！彼为诸侯，己为天子，使城自保，令士自取。

世能祖祖[16]，鲜能下下[17]。祖祖为亲，下下为君。下下者，务耕桑不夺其时，薄赋敛不匮其财[18]，罕徭役不使其劳，则国富而家娭[19]，然后选士以司牧之[20]。夫所谓士者，英雄也。故曰，罗其英雄，则敌国穷。英雄者，国之干；庶民者，国之本。得其干，收其本，则政行而无怨。

【注释】

〔1〕覆：倾覆不听。

〔2〕复：反复核实。

〔3〕难(nán)：不容易攻占之地。

〔4〕割：剖割，这里指把城池赏赐他人。

〔5〕裂(liè)：分裂。这里指分地来封赏有功之人。

〔6〕佚(yì)：同“逸”，安逸；安闲。这里指以逸待劳。

〔7〕绥：怀柔、安抚。

〔8〕携：离间、分化。

〔9〕放言过之：散布假情报诱使敌人发生过失。

〔10〕四网罗之：把敌人包围加以歼灭。

〔11〕得而勿有：取得胜利后不要归功于自己。

〔12〕居而勿守：缴获的财物不要据为己有而要分给众人。

〔13〕拔而勿久：夺取敌人城邑不要耽搁太长。

〔14〕立而勿取：立其国君执政而不自取其位。

〔15〕为者则己，有者则士：决策出于自己，功劳归于将士。

〔16〕祖祖：敬畏祖先。

〔17〕下下：爱护民众。

〔18〕薄：底本误作“簿”，根据《武经七书汇解·三略·上略》校正作“薄”，减轻的意思。

〔19〕家娭：家家欢乐。 娭，“嬉”的古字，谓嬉戏、欢乐。

〔20〕司牧：管理、统治。

【译文】

西周·人头銎戟　通长25.2厘米，1972年甘肃灵台白草坡二号墓出土，甘肃省博物馆藏。

君主统军治国的关键，在于体察众人的心理，采取相应的措施。处境危险的要使之安全，心存畏惧的要使之欢愉，离乡逃亡的要加以招还，含冤受屈的要为其伸冤昭雪，上告申诉的要调查清楚，地位卑贱的人要敬重他，对逞强的人要约束他，敌对的就消灭他，贪图钱财的要厚给赏赐，自愿效力的要予以任用，怕人揭短的要替其隐讳，善于谋划的要与之亲近，爱进谗言的要弃之不用，诋毁之言要反复核实，反叛之人要坚决消灭，蛮横之人要挫其锋芒，骄傲自满的要警告之，愿意归顺的招抚他，已被征服的要予以安置，投降的人就免除他的一切罪过。占领了坚固的地方要注意守卫，占领了险隘的地方要加以阻塞，占领了难攻的地方要驻兵把守，占领了城邑要分赏有功之臣，占领了土地要分封给出力之士，获得了财物要赏赐给众人。敌人行动要密切监视，敌人接近要严加防备，敌人强大要卑而骄之，敌人安逸要引而避之，敌人盛气凌人要有待其衰，敌人凶暴要暂时退却，敌人悖逆要申张正义，敌人和睦要分化离间。顺应敌人的行动来挫败它，利用敌人的情势来击破它，散布假情报以造成敌人的过失，四面包围将其歼灭。胜利时不要将功劳归于自己，获得财物不要自己独占，攻打城市不要久停不走，立其国之人为君而不要取而代之。决策出于自己，功劳归之将士，哪里知道这才是真正的大利啊！别人当诸侯，自己做天子。使每一座城市都可自我保护，让他们各自征收税赋。

世上的君主能以礼祭祀祖先，却很少能爱护自己的民众。尊敬祖先是亲亲之道，爱护民众才是为君之道。爱护民众的君主，重视农桑，不违农时，减轻赋税，民众不贫。于是国家富足，民众安乐，然后再选拔贤士去管理他们。所谓的贤士，就是人们所说的英雄。所以说，网罗了敌国的英雄，敌国就会陷入困窘的境地。英雄是国家的骨干，民众是国家的根本。得到了骨干，获取了根本，政令就可顺利推行，百姓也不会有所怨恨。

【原文】

夫用兵之要，在崇礼而重禄。礼崇则智士至[1]，禄重则义士轻死[2]。故禄贤不爱财，赏功不逾时，则下力并而敌国削。夫用人之道，尊以爵，赡以财，则士自来；接以礼，励以义，则士死之。

【注释】

〔1〕智士：有智慧或谋略的人。

〔2〕义士：恪守大义，笃行不苟的人。轻死：不怕死，敢于牺牲。

【译文】

用兵的要义，在于推崇礼节和厚施利禄。注重礼节，智谋之士便会前来投奔，厚给俸禄，忠义之士便会视死如归。所以，给予贤士俸禄时不应吝惜财物，奖赏有功之臣时不应拖延时日。这样，部属们便会同仇敌忾，削弱敌国了。用人的原则，就是封爵以示尊重，以厚禄供养他，使他消除忧虑，这样贤士就会自动来归了。以礼节来接待他，用大义来激励他，贤士便会以死相报了。

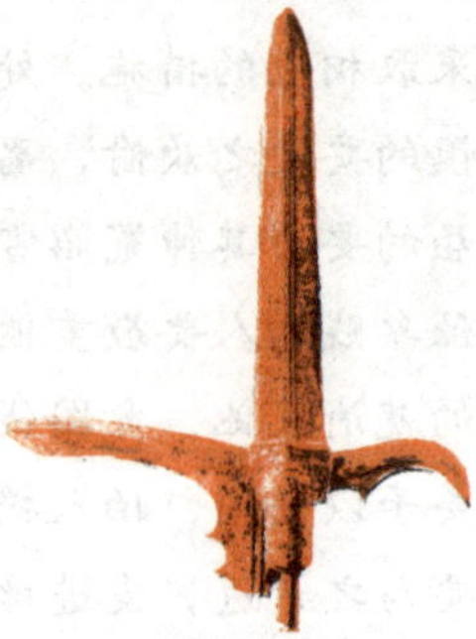

战国中期·钩内戟　河南省南阳市博物馆藏，长34厘米，宽28厘米。1965年河南南阳征集。此戟造型别致，铸造精细，是研究我国兵器史的重要资料。

【原文】

夫将帅者，必与士卒同滋味共安危[1]，敌乃可加[2]。故兵有全胜，敌有全因[3]。昔者良将之用兵，有馈箪醪者[4]，使投诸河，与士卒同流而饮。夫一箪之醪，不能味一河之水，而三军之士思为致死者，以滋味之及己也。《军谶》曰：军井未达，将不言渴；军幕未办，将不言倦；军灶未炊，将不言饥。冬不服裘，夏不操扇，雨不张盖，是谓将礼。与之安，与之危，故其众可合而不可离，可用而不可疲，以其恩素蓄，谋素和也[5]。故曰，蓄恩不倦，以一取万[6]。

【注释】

〔1〕同滋味：同甘共苦。

〔2〕敌乃可加：可以出兵对敌作战。

〔3〕敌有全因：俘获全部的敌人。

〔4〕箪醪：箪（dān），古时用以盛酒食的竹或苇编制的盛器，圆形有盖。醪（láo），酒的总称。

〔5〕谋：本篇指人的思想、意志。

〔6〕以一取万：意为将帅一人经常施恩于众，就会使得成千上万的人自动归附。

【译文】

身为将帅，必须与士卒同甘苦，共死生，才可与敌作战。如此我军才会大获全胜，这也是敌军全军覆没的原因。以往良将用兵，有人送给他一坛美酒，他让人倒在河中，与士卒同流而饮。虽小小一坛酒，不能使一条河里的水有酒味，而三军将士都想以死相报，这是因为将帅与自己同甘共苦而感激奋发啊。《军谶》说：军井没有打好，将帅不说口渴；帐篷没有搭好，将帅不说疲劳；饭菜没有烧好，将帅不说饥饿。冬日不独自穿皮衣，夏日不用扇子，下雨不打雨伞，这就是所说的"将礼"。将帅能与士卒同甘苦，共患难，军队便会万众一心，不可分离，南征北战，不会懈怠。这是由于将帅平日里积蓄恩惠、上下一心的缘故。所以说：将帅不断地施恩惠于士卒，便可以赢得千万人的拥护。

【原文】

《军谶》曰：将之所以为威者，号令也。战之所以全胜者，军政也。士之所以轻战者〔1〕，用命也。故将无还令，赏罚必信，如天如地〔2〕，乃可御人。士卒用命，乃可越境。

夫统军持势者，将也；制胜破敌者，众也。故乱将不可使保军〔3〕，乖众不可使伐人〔4〕。攻城则不拔，图邑则不废〔5〕，二者无功，则士力疲弊。士力疲弊，则将孤众悖〔6〕，以守则不固，以战则奔北，是谓老兵〔7〕。兵老则将威不行，将无威则士卒轻刑，士卒轻刑则军失伍〔8〕，军失伍则士卒逃亡，士卒逃亡则敌乘利，敌乘利则军必丧。

《军谶》曰：良将之统军也，恕己而治人，推惠施恩，士力日新，战如风发，攻如河决。故其众可望而不可当，可下而不可胜。以身先人〔9〕，故其兵为天下雄。

《军谶》曰：军以赏为表，以罚为里〔10〕。赏罚明，则将威行；官人得〔11〕，则士卒服；所任贤，则敌国震。

《军谶》曰：贤者所适，其前无敌。故士可下而不可骄，将可乐而不可忧〔12〕，谋可深而不可疑。士骄则下不顺，将忧则内外不相信，谋疑则敌国奋。以此攻伐，则致乱。

【注释】

〔1〕轻战：以战事为轻，引申为不怕打仗。

〔2〕如天如地：赏罚如同天地的四时运行那样准确无误。

〔3〕乱将：谓治军无法度的将领。保军：保全军队。本篇指统率军队。

〔4〕乖众：离心离德的部众。乖，背离。

〔5〕图邑则不废：图，谋取也。邑，古代国之称。不能达到灭亡敌国的目的。

〔6〕将孤众悖：悖，底本作“悖”，形近而误，根据《武经七书汇解·三略·上略》校正。此句意思是，将领孤立于上，部众抗命于下。

〔7〕老兵：疲惫困乏的军队。老，疲惫、困乏。

〔8〕失伍：谓士卒失去行伍建制，引申谓队伍混乱。

〔9〕以身先人：将帅在作战时冲在士卒前面，奋勇杀敌。

〔10〕以赏为表，以罚为里：治军既要行赏，又要行罚，二者缺一不可。

〔11〕官人得：谓以官职任人而得其人，亦即官吏称职之意。

〔12〕将可乐而不可忧：君主之任将，应使将领怀有得到充分信任的快乐，而不可使他担心遭到谗言离间。

【译文】

《军谶》说：将帅之所以有威严，是因为有号令，作战的胜利在于军政，士卒的敢战根于听命。因此，将帅要令出必行，赏罚必信，像天地时令那样不可更易，这样，将帅才能统御士卒。士卒服从命令，才可以出境远征作战。

统帅军队、掌握态势的是将领，夺取胜利、直接攻击敌人的是士卒。所以，治军无方的将领不能让他统率三军，离心离德的士卒不能用以攻伐敌国。这样的军队，攻打城池难以拔取，图谋市镇难以占领，两件事都做不到，反而会使军力疲惫不堪。军力疲惫不堪，就会使将领更加孤立，士卒更加抗命。这样的军队，用来守卫则阵地必不稳固，用来作战则士卒必然溃逃。这就叫作师老兵废。师老兵废，将领就没有威信。将领失去威信，士卒就会轻视刑罚。士卒不怕刑罚，军队就必然混乱。军队混乱，士卒就必然逃亡。士卒逃亡，敌人就必然乘机进攻。敌人进攻，军队就必然大败。

《军谶》说：良将统帅军队，以恕己之道治理部下。广施恩惠，军队的战斗力就会逐渐增强，交战时就如狂风一样迅疾，就如江河决堤一样猛烈而势不可当。所以这样的军队，敌人只能望风而逃，却根本无力抵挡。敌人只能俯首向我投降，却没有任何取胜的希望。将领能身先士卒，他的军队便可以称雄天下了。

《军谶》说：治军应以奖赏为表，以惩罚为里。赏罚分明，将领的威信才能树立起来。选官用人得当，士卒们才会心悦诚服。重用德才兼备的人，敌国就会惧怕。

《军谶》说：贤士归附的地方，军队必定会所向无敌。所以，对待贤士要谦恭而不可怠慢，对待将帅要令其心情愉快而不可使之有隐忧，对于谋略要深思熟虑而不可犹豫不决。对士简慢，下属就不会悦服。将有隐忧，君主与将领之间便互不信任。谋略犹豫，敌国就会乘机得势。若以这样的军队去打仗，必然招致祸乱。

【原文】

夫将者，国之命也。将能制胜，则国家安定。《军谶》曰：将能清，能静，能平，能整；能受谏，能听讼，能纳人，能采言；能知国俗，能图山川[1]，能表险难，能制军权。故曰，仁贤之智，圣明之虑，负薪之言[2]，廊庙之语[3]，兴衰之事，将所宜闻。

将者，能思士如渴，则策从焉。夫将拒谏，则英雄散。策不从，则谋士叛。善恶同[4]，则功臣倦[5]。专己，则下归咎。自伐，则下少功。信谗，则众心离。贪财，则奸不禁。内顾，则士卒淫[6]。将有一，则众不服；有二，则军无式[7]；有三，则下奔北；有四，则祸及国。

《军谶》曰：将谋欲密，士众欲一，攻敌欲疾。将谋密，则奸心闭；士众一，则军心结；攻敌疾，则备不及设。军有此三者，则计不夺[8]。将谋泄，则军无势；外窥内[9]，则祸不制；财入营，则众奸会。将有此三者，军必败。

将无虑，则谋士去。将无勇，则吏士恐。将妄动，则军不重。将迁怒[10]，则一军惧。《军谶》曰：虑也，勇也，将之所重；动也，怒也，将之所用。此四者，将之明诫也[11]。

【注释】

〔1〕图：绘制地图。这里可作了解、掌握解。

〔2〕负薪：背负柴草。借指地位低下的人，这里指民众百姓。

〔3〕廊庙：本意是殿下屋和太庙。这里指为官的人。

〔4〕善恶同：谓善恶等同不分。

〔5〕功臣倦：使有功之臣倦怠消极。倦，厌倦、懈怠、消极。

〔6〕内顾：指思恋妻妾。引申谓迷恋女色。

〔7〕无式：没有法度。式，准则、法度。

〔8〕夺：削夺、丧失。引申谓遭到破坏。

战国·三戈戟　1978年湖北省曾侯乙墓出土。长3.43米。此戟顶端装铜矛头和有内铜戈，往下4.7厘米处又装一无内铜戈，再往下5厘米处再装一无内铜戈，一矛三戈安装在同一柄上，是战车上使用的长兵器。这种兵器在中国是首次发现，现藏中国国家博物馆。

〔9〕外窥内：指敌人窃取我军内部情况。外，指敌人。窥，窥察、窃取。内，指我军内情。

〔10〕迁怒：本谓把对甲的怒气发泄到乙身上，这里泛指发怒于众。

〔11〕明诫：诫，底本误作“诫”，形近而误。今据《武经七书汇解·三略·上略》校改。这里指将帅应当小心谨慎的事。

【译文】

将帅是国家命运的掌握者。若将帅能克敌制胜，国家就能长久保持安定。《军谶》上说：将帅应能清廉，能沉静，能公平，能严肃，能接受劝谏，能明断是非，能容纳人才，能博采众议，能知各国风俗，能通山川形势，能明险关要隘，能把握三军的形势。所以说，举凡贤臣的睿智，君主的远虑，民众的议论，朝廷讨论的意见，历代成败的经验，都是将帅所应当了解的。

将帅能思贤如渴，有谋略的人就会聚集在他的周围。将帅不听下属的意见，杰出的人才就会散去。不采纳谋士的良策，谋士就会叛离。善恶不分，功臣就会倦怠消极。如独断专行，部下就会怨恨自己。自我炫耀，下属就不愿多建战功。听信谗言，军队就会离心离德。贪图钱财，坏的东西就无法禁止。贪恋女色，士卒就会淫乱无度。将帅如有上面的一条，士卒就不会心悦诚服。有了两条，军队就没了法纪。有了三条，全军就会溃败。如果犯了四条，就会给国家带来灾祸了。

《军谶》上说：将帅的谋划要秘密，士卒的意志要统一，攻击的行动要迅速。将帅谋划秘密，奸细便无机可乘。士卒意志统一，军心便固结不离。攻击行动迅速，敌军便不及防备。做到了这三条，军队的行动计划便不会失败了。将帅谋划泄露，军队的有利态势便失去了。奸细窥得内情，军队的祸患便无法制止了。不义的财物进入军营，各种坏事便一齐发生了。将帅有了这三条，军队必定要打败仗。

将帅如目光短浅，谋士就会离去。将帅怯懦而无勇，官兵就会惶恐不安。将帅轻举妄动，军心便不稳定。将帅迁怒于人，上下就会畏惧。《军谶》上说：谋深虑远，坚定勇敢，是将帅高贵的品德。适时而动，当怒而怒，是将帅用兵的艺术。这四项，做将帅的应时刻警醒自己。

【原文】

《军谶》曰：军无财，士不来。军无赏，士不往。《军谶》曰：香饵之下，必有悬鱼[1]；重赏之下，必有死夫[2]。故礼者，士之所归；赏者，士之所死。招其所归，示其所死，则所求者至。故礼而后悔者，士不止；赏而后悔者，士不使。礼赏不倦，则士争死。

《军谶》曰：兴师之国，务先隆恩。攻取之国，务先养民。以寡胜众者，恩也。以弱胜强者，民也。故良将之养士，不易于身[3]，故能使三军如一心，则其胜可全。

《军谶》曰：用兵之要，必先察敌情。视其仓库，度其粮食，卜其强弱，察其天地，伺其空隙。故国无军旅之难而运粮者，虚也；民菜色者[4]，穷也。千里馈粮，士有饥色。樵苏后爨[5]，师不宿饱[6]。夫运粮千里[7]，无一年之食；二千里，无二年之食；三千里，无三年之食，是谓国虚[8]。国虚则民贫，民贫则上下不亲。敌攻其外，民盗其内，是谓必溃。

【注释】

〔1〕悬鱼：已经上钩的鱼。

〔2〕死夫：不怕牺牲的壮士。

〔3〕易：不相同，不一致。

〔4〕菜色：义同“饥色”，指饥民营养不良的脸色。

〔5〕樵苏后爨：指军队临时砍柴割草，然后烧火做饭。

〔6〕宿饱：经常饱食。师不宿饱，即部队经常吃不饱饭。

〔7〕千：以及下文的二“千”字，底本皆作“百”，据前文之“千里馈粮”，疑为“千”之误。故据《武经七书汇解·三略·上略》校改。

〔8〕谓：底本没有此字，从《武经七书汇解·三略·上略》上补。

【译文】

《军谶》上说：如果军队没有军资粮饷，军士就不会来应征入伍。军中没有奖赏，军士就不会勇往直前。《军谶》说：在香美的鱼饵的引诱下，必定有上钩之鱼。在厚重的赏赐引诱之下，必定有敢死之士。所以，使士衷心归附的是礼，使士乐于效死的是赏。以礼来招徕重视礼节者，以赏来吸引追求赏赐者，那么所需要的人才也就来到了。所以先以礼相待，后来又反悔的，士就不会留在营中。先以赏示人，后来又反悔的，士就不会为之效命。只有礼、赏始终如一，不加更改，贤士和士卒才会争先恐后地拼死效命。

《军谶》上说：要进行战争，务必事先厚施恩惠。要进攻别国，务必事先与民休息。能以少胜多，是厚施恩惠的结果。能以弱胜强，是得到民众拥护与支持的结果。因此，良将像对待自己一样对待士卒。这样就能全军万众一心，战无不胜，攻无不克了。

《军谶》上说：用兵的关键，在于预先查明敌情。了解敌军物资的储备情况，估计其粮食的多少，判断其兵力的强弱，调查其天候与地形情况，寻找其薄弱环节。所以，国家没有战争而运送粮食的，说明其国势空虚。百姓面黄肌瘦的，说明其民众贫穷。从千里之外运粮，士卒就会面带饥色。临时砍柴做饭，军队便无隔宿之饱。千里之外运粮，说明国家缺一年之粮。二千里之外运粮，说明国家至少缺两年的粮食。三千里之外运粮，说明国家至少缺三年的粮食。这正是国势空虚的表现。国势衰微，百姓就会贫穷。百姓贫穷，上下就不会亲睦。敌人从外面进攻，百姓在内部生变，国家就必然崩溃。

【原文】

《军谶》曰：上行虐，则下急刻。赋敛重数，刑罚无极，民相残贼[1]，是谓亡国。

《军谶》曰：内贪外廉，诈誉取名，窃公为恩，令上下昏；饰躬正颜[2]，以获高官，是谓盗端。

《军谶》曰：群吏朋党[3]，各进所亲；招举奸枉，抑挫仁贤；背公立私，同位相讪[4]，是谓乱源。

《军谶》曰：强宗聚奸，无位而尊，威无不震；葛藟相连，种德立恩，夺在位权；侵侮下民，国内哗喧，臣蔽不言，是谓乱根。

《军谶》曰：世世作奸，侵盗县官[5]，进退求便，委曲弄文，以危其君，是谓国奸。

《军谶》曰：吏多民寡，尊卑相若，强弱相虏[6]，莫适禁御，延及君子，国受其咎。

《军谶》曰：善善不进[7]，恶恶不退[8]，贤者隐蔽，不肖在位，国受其害。

《军谶》曰：枝叶强大，比周居势[9]，卑贱陵贵，久而益大，上下忍废，国受其败。

《军谶》曰：佞臣在上，一军皆讼；引威自与，动违于众；无进无退[10]，苟然取容[11]；专任自己，举措伐功[12]；诽谤盛德，诬述庸庸[13]；无善无恶，皆与己同；稽留行事，命令不通；造作苛政[14]，变古易常。君用佞人，必受祸殃。

《军谶》曰：奸雄相称，障蔽主明；毁誉并兴，壅塞主聪；

各阿所私[15]，令主失忠。

故主察异言[16]，乃睹其萌；主聘儒贤，奸雄乃遁；主任旧齿[17]，万事乃理；主聘岩穴[18]，士乃得实；谋及负薪，功乃可述；不失人心，德乃洋溢。

【注释】

〔1〕残贼：残酷杀害。这里指民众起来反抗。

〔2〕饰躬正颜：愿意为修饰自身，端正容颜。这里指伪装正派的人。

〔3〕朋党：政见不同，因而相互倾轧的宗派。

〔4〕讪(shàn)：毁谤、讥讽。

〔5〕县官：古时天子之别称。

〔6〕相虏：相掠夺。引申谓相欺凌。

〔7〕善善：喜爱好人。

〔8〕恶恶：厌恶坏人。

〔9〕比周：谓结党营私。

〔10〕无进无退：佞臣的一举一动都不知廉耻礼义。

〔11〕荀然取容：苟然，卑屈谄媚的样子。取容，看上级脸色行事。句意为以卑屈之态取媚讨好上级。

〔12〕伐功：夸耀自己的功劳。

〔13〕庸庸：谓酬报有功。《荀子·大略第二十七》："亲亲、故故、庸庸、劳劳，仁之杀也。"唐杨倞注："庸，功也。庸庸，劳劳，谓称其功劳，以报有功劳者。"

〔14〕苛政：底本原作"奇政"，疑误。今据《武经七书汇解·三略》校改。

〔15〕所私：私，底本误作"以"，今据《武经七书汇解·三略·上略》校改。所私，指自己所亲信的人。

〔16〕异言：这里指颠倒是非、混淆黑白的言论。《武经七书汇解·三略·直解》："异言，变乱黑白是非之言。"

〔17〕旧齿：老臣、旧臣。

〔18〕岩穴：本谓山洞，这里指岩穴之士，亦即隐居之士。

【译文】

《军谶》上说：君主暴虐无道，臣属就会急迫而苛刻。横征暴敛，滥用酷刑，百姓便会起来反抗。外表清廉，其实内心十分贪婪，如此必然亡国。

《军谶》上说：内心贪婪而外表廉洁，以欺骗的手段猎取好的名声，盗用朝廷的爵禄以行私惠，使上上下下都认不清真相，伪为谦恭而外示正直，以此骗取高官，这就是窃国的开端。

《军谶》上说：官吏结党营私，各自引进亲信，网罗奸邪之徒，压制仁人贤士，背弃公道，谋取私利，同僚之间，攻讦不已，这就是人们所说的大乱之源。

战国晚期·秦·青铜戟　出土于秦始皇陵兵马俑一号坑。戈通长26.7厘米，援长16.7厘米，胡长12.5厘米，内长10厘米。出土时有柲和铜。柲为木质，通长288厘米。戈、矛间距25厘米。戈的内部刻有"四年相邦吕不韦造，寺工、丞我、工可"、"戟"、"寺工"、"文"等铭文。

《军谶》上说：豪门大族结为朋党，谋取私利，虽然没有国家授予的官职，却十分显赫，滥施淫威，没有人不害怕他们，彼此勾结，如同葛藤盘根错节一样，私布小恩小惠，侵夺朝廷大权，欺压穷苦百姓，国内怨声载道，骚动不安，群臣却隐蔽实情不敢直言，这就是人们所说的大乱之根。

《军谶》上说：世代相袭为官，肆意作恶，侵蚀天子的权威，一举一动，皆为自己谋取私利，歪曲文法，连高高在上的君主都受到了威胁，这就是人们所说的国之奸贼。

《军谶》上说：官多民少，尊卑不分，以强凌弱，朝廷也不能及时禁止，连君子也受到牵连，这样，国家必定要蒙受其难。

《军谶》上说：喜爱好人而不任用，厌恶坏人而不贬斥，有才有德的人被迫隐退，品行恶劣的人却当权执政，这样，国家必定要蒙受其害。

《军谶》上说：宗室势力强大，互相勾结，窃居要位，欺下犯上，时间久了，势力将越来越大，而君主又不忍心铲除，这样，国家必定要遭到败坏。

《军谶》上说：奸佞之徒当权，全军上下都会愤愤不平。奸佞小人依仗权势，作威作福，一举一动，辄违众意。毫无进退原则，只知附和讨好君主。他们刚愎自用，夸功自傲。他们诽谤有德之士，诬陷有功之臣。他们没有善恶标准，只求符合自己的心意。他们积压政务，使上令不能下达。他们造作苛政，变乱古制，更易常法。君主任用这种奸佞小人，必定会遭受祸害。

《军谶》上说：奸雄互相标榜，蒙蔽君主的眼睛，使其是非不分。诽谤与吹捧同时兴起，堵塞君主的耳朵，使其正邪难辨。他们各自培植自己的亲信，致使君主失去忠臣良将。

因此，君主能明察诡异之言，才能看出祸乱的萌芽。君主聘用儒士贤才，奸雄便会远遁。君主重用故旧耆老之臣，政事才能井井有条。君主征召山林隐士，才能得到有真才实学的贤士。君主谋事能倾听黎民百姓的意见，才能建立可以书诸竹帛的功业。君主不失去民心，他的德行便可以恩泽于天下。

中　略

【原文】

夫三皇无言[1]，而化流四海，故无所归功。帝者[2]，体天则地，有言有令，而天下太平。君臣让功，四海化行，百姓不知其所以然。故使臣不待礼赏有功，美而无害。王者[3]，制人以道，降心服志，设矩备衰[4]，四海会同[5]，王职不废。虽有甲兵之备，而无斗战之患。君无疑于臣，臣无疑于主，国定主安，臣以义退[6]，亦能美而无害。霸者[7]，制士以权，结士以信，使士以赏。信衰则士疏，赏亏则士不用命。

【注释】

〔1〕三皇：传说中远古部落的酋长。

〔2〕帝：指传说中的五帝。

〔3〕王：指三王。或说夏禹、商汤、周之文武为三代之王；或说指夏禹、商汤、周文王；或说夏禹、商汤、周武王。

〔4〕设矩备衰：矩，法度，规矩。制定各种法规以防衰乱。

〔5〕会同：即古代的朝会。

〔6〕臣以义退：《汇解》引《直解》："成功知止，致仕而退也。"

〔7〕霸：指春秋五霸，即齐桓公、晋文公、楚庄王、吴王阖闾、越王勾践。一说指齐桓公、宋襄公、晋文公、秦穆公、楚庄王。

【译文】

远古时代，三皇不需要任何言论，良好风气自然流布四海，所以天下的人没有归功于谁。五帝效法天地运行，增设言教，制定政令，天下因此太平。君臣之间，互相推让功劳。四海之内，教化顺利实现。黎民百姓却不知其中的原因。所以，使用臣属不需依靠礼法和奖赏，就能做到君臣和美无间。三王用道德治理民众，使百姓心悦诚服。制定各种法规，以避免衰败，天下诸侯按时朝觐，天子的法度实行不废。即使有军事准备，但并没有战争的祸患。君主不猜忌臣属，臣属也不怀疑君主。国家稳定，君位巩固。大臣适时功成身退，君臣之间也能和睦相处而无猜疑。五霸用权术统御士，以信任结交士，靠奖赏使用士。失去信任，士就会疏远了。缺少奖赏，士就不会效命了。

【原文】

《军势》曰[1]：出军行师，将在自专。进退内御[2]，则功难成。

【注释】

〔1〕《军势》：古代兵书，已佚。

〔2〕内御：受到君主的控制。

【译文】

《军势》上说：将帅出兵作战，须有完全的指挥权。军队的进退如受到君主控制，是很难打胜仗的。

【原文】

《军势》曰：使智、使勇、使贪、使愚。智者乐立其功，勇者好行其志，贪者邀趋其利〔1〕，愚者不顾其死。因其至情而用之，此军之微权也〔2〕。

《军势》曰：无使辩士谈说敌美，为其惑众。无使仁者主财，为其多施而附于下〔3〕。

《军势》曰：禁巫祝，不得为吏士卜问军之吉凶。

《军势》曰：使义士不以财。故义者不为不仁者死，智者不为暗主谋〔4〕。

【注释】

〔1〕邀：希望得到。

〔2〕微权：微妙的权术。

〔3〕附于下：曲从下属的心意。

〔4〕暗主：昏庸无能的君主。

【译文】

《军势》上说：有智谋的人、勇敢的人、贪婪的人、愚笨的人，各有不同的使用方法。有智谋的人喜欢建功立业，勇敢的人喜欢实现自己的志向，贪财的人追求利禄，愚鲁的人不惜性命。根据他们各自的特点来使用他们，这就是用人的微妙权术。

《军势》上说：不要让能言善辩的人谈论敌人的长处，这样会惑乱军心。不要用仁厚的人管理财务，因为他会曲从于下属的要求而浪费钱财。

《军势》上说：军中要禁绝巫术，不准他为将士们占卜吉凶。

《军势》上说：使用侠义之士不能靠钱财。所以，义士是不会替不仁不义的人去卖命的，明智的人是不会替昏聩的君主出谋划策的。

【原文】

主不可以无德，无德则臣叛；不可以无威，无威则失权。臣不可以无德，无德则无以事君；不可以无威，无威则国弱〔1〕，威多则身蹶〔2〕。

【注释】

〔1〕无威则国弱：没有威势国家就衰弱。

〔2〕威多则身蹶：威势过头反而危害自己。

【译文】

君主不能没有道德，无德大臣就会背叛；也不能没有威势，没有威势就会丧失权力。大臣不能没有道德，无德就无法辅佐君主；大臣也不能没有威势，没有威势国家就会衰弱。但是大臣威势过了头，则会使自身遭受祸害。

【原文】

故圣王御世，观盛衰，度得失，而为之制。故诸侯二师，方伯三师[1]，天子六师。世乱则叛逆生，王泽竭则盟誓相诛伐。德同势敌，无以相倾，乃揽英雄之心，与众同好恶，然后加之以权变。故非计策无以决嫌定疑，非谲奇无以破奸息寇[2]，非阴谋无以成功[3]。

【注释】

〔1〕方伯：一方诸侯之长。

〔2〕谲奇：诡诈出奇。

〔3〕阴谋：秘密谋划。

【译文】

所以圣明的君王治理天下，观察世道的盛衰，衡量人事的得失，然后制定典章制度。故古时规定诸侯辖二军，方伯辖三军，天子辖六军。后来天下大乱，叛逆便产生了。天子的德泽枯竭了，诸侯之间的结盟立誓、互相攻伐也就出现了。诸侯之间，势均力敌，谁也没有办法战胜对手，于是便争相延揽英雄豪杰，与之同好同恶，然后再运用权术。所以，不运筹谋划，就不能决定疑惑未明的事情；不诡诈出奇，就不能战胜敌军；不秘密谋划，就不会取得成功。

【原文】

圣人体天，贤者法地[1]，智者师古。是故《三略》为衰世作。《上略》设礼赏，别奸雄，著成败。《中略》差德行[2]，审权变。《下略》陈道德，察安危，明贼贤之咎。故人主深晓《上略》，则能任贤擒敌；深晓《中略》，则能御将统众；深晓《下略》，则能明盛衰之源，审治国之纪。人臣深晓《中略》，则能全功保身。

夫高鸟死，良弓藏；敌国灭，谋臣亡。亡者，非丧其身也，

谓夺其威、废其权也。封之于朝，极人臣之位，以显其功。中州善国[3]，以富其家，美色珍玩，以说其心[4]。

夫人众一合而不可卒离，威权一与而不可卒移[5]。还师罢军，存亡之阶。故弱之以位，夺之以国，是谓霸者之略。故霸者之作，其论驳也[6]。存社稷罗英雄者,《中略》之势也。故世主秘焉。

【注释】

〔1〕贤者：《直解》、《汇解》作“贤人”。

〔2〕差：区别、等级。

〔3〕中州善国：中州，指中原地区。善国，好的封国。

〔4〕说：同“悦”。

〔5〕威权：《直解》、《汇解》作“权威”。

〔6〕驳：混杂，不纯正。

【译文】

圣人能够体察天之道，贤人能够取法地之理，智者能够以历史为师。故《三略》一书，是为衰微的乱世而作的。《上略》设置礼赏，辨识奸雄，揭示成败之理。《中略》区分德行，明察权变。《下略》陈述道德，细察安危，阐明残害贤人的罪过。因此，君主如通晓《上略》，就可任用贤士，击败敌人了。君主如通晓《中略》，便可以驾驭将帅，统率士卒了。君主深通《下略》，就可以明辨兴衰的根源，熟知治国的纲纪了。人臣深通《中略》，就可以成就功业，保全身家。

高空的飞鸟死了，良弓就要收起来了。敌对的国家灭亡了，谋臣就要消灭了。所谓的消灭，并不是消灭他们的肉体，而是要削弱他们的威势，剥夺他们的权力。在朝廷上给他封赏，给他人臣中最高的爵位，以此来表彰他的功劳。封给他中原肥沃的土地，使他们家财富足。赏给他美女珍玩，使他心情愉悦。

军队一旦建立，是无法仓促解散的。兵权一经授予，是无法马上收回的。战争结束，将帅班师回朝，于君主来说，这是生死存亡的关键时刻。所以，须以封爵为名削弱他的实力，要以封土为名削夺他的兵权。这就是霸者统御将帅的方略。因此，霸者的行为，是驳杂而不纯的。保全国家，收罗英雄，就是《中略》所论的权变。历代做君主的，对此都是秘而不宣的。

战国·八年相邦建信君铍　铍在作战时主要用于直刺和砍杀。秦以前铍首多用青铜铸造。汉代多用铁制，铍首比秦代铜铍显著加长，增强了杀伤的效能。战国至汉初，战场上较普遍地使用铍。西汉军队有“长铍都尉”一职，可见铍在作战中的地位。西汉中期以后，铍的使用减少，并逐渐从战场上消失。

下　　略

【原文】

夫能扶天下之危者，则据天下之安；能除天下之忧者，则享天下之乐；能救天下之祸者，则获天下之福。故泽及于民，则贤人归之；泽及昆虫，则圣人归之。贤人所归，则其国强；圣人所归，则六合同[1]。求贤以德，致圣以道。贤去，则国微；圣去，则国乖。微者危之阶，乖者亡之征。

贤人之政，降人以体[2]；圣人之政，降人以心[3]。体降可以图始，心降可以保终。降体以礼，降心以乐[4]。所谓乐者，非金石丝竹也，谓人乐其家[5]，谓人乐其族，谓人乐其业，谓人乐其都邑，谓人乐其政令，谓人乐其道德。如此君人者，乃作乐以节之[6]，使不失其和。故有德之君，以乐乐人[7]；无德之君，以乐乐身[8]。乐人者，久而长；乐身者，不久而亡。

【注释】

〔1〕六合：天地四方，泛指天下。

〔2〕降人以体：使人的行动服从顺从。

〔3〕降人以心：使人从内心里顺从。

〔4〕乐：此处读yuè，与“礼”对应，为乐教之意。

〔5〕乐：此处读lè，喜爱、喜欢。

〔6〕乐：此处读yuè，音乐。

〔7〕乐：此处读yuè，音乐。

〔8〕乐：此处读yuè，音乐。

【译文】

能够拯救天下于危亡的，就能得到天下的安宁；能够解除天下忧患的，就能够享受天下的快乐；能够解除国家灾祸的，就能够得到天下的福泽。所以，恩泽遍及于百姓，贤人就会归附他；恩泽遍及于万物，圣人就会归附他。贤人归附的，国家就会强盛；圣人归附的，天下就能统一。使贤人归附须用“德”，使圣人归附要用“道”。贤人离去，国家就会得衰微；圣人离去，国家就要混乱了。衰微是通向危险的征兆，混乱是即将灭亡的征兆。

战国晚期·十七年相邦春平侯铍　现藏北京故宫博物院。长33.2厘米，宽3.4厘米，重310克。铍长锋，脊扁平，扁茎，茎上有一圆穿。一面脊上有刻画铭文2行20字：十七年相邦春平侯，邦左伐器工师长，冶汏执剂。另一面刻5字：大攻尹韩口。

贤人执政，能使人从行动上服从；圣人执政，能使人从内心里顺从。从行动上服从，便可以开始创业了；从内心里顺从，才可以善始善终。使人从行动上服从靠的是礼教，使人从内心里顺从靠的是乐教。所谓的乐教，并非指金、石、丝、竹，而是指人要以他的家庭为欢乐，喜爱自己的宗族，喜爱自己的职业，喜爱自己的城邑，喜爱国家的政令，喜爱社会的伦理道德。这样治理民众，然后再制作音乐来陶冶人们的情操，使社会不失和谐。所以有道德的君主，是用音乐来使天下快乐；没有道德的君主，只是用乐来使自己快乐。用乐使百姓也快乐的，国家便会长治久安；使自己快乐的，不久便会亡国。

【原文】

释近谋远者[1]，劳而无功；释远谋近者，佚而有终。佚政多忠臣[2]，劳政多怨民[3]。故曰，务广地者荒，务广德者强，能有其有者安，贪人之有者残。残灭之政，累世受患。造作过制，虽成必败。舍己而教人者逆，正己而教人者顺[4]。逆者乱之招，顺者治之要。

【注释】

〔1〕释：《后汉书·臧宫传》光武帝诏引作“舍”，下文“释远谋近者”亦作“舍”。两个字含义相同。

〔2〕佚政：佚，通“逸”。休养生息的政策。

〔3〕劳政：劳民伤财的政策。

〔4〕教：《直解》、《汇解》作“化”。

【译文】

放弃内政而一味图谋扩张，往往会劳而无功；放弃向外扩张而一心治理内政的，常会安逸而成就事业。实行与民生息的政策，民众渴望报答君主，国家就会出现许多忠义之臣；实行劳民伤财的政策，民众心中抱怨君主，国家就会出现许多怨恨之民。所以说，热衷于扩张领土的，内政必定荒废；尽力于扩充德行的，国家就会强盛。能保全自己本来所有的，国家就会平安；一味垂涎别人所有的，国家就会残破。统治残酷暴虐，世世代代都要受害。事情超过了限度，即使一时成功，最终也难免失败。不正己而正人者其势拂逆，正己而后正人才顺乎常理。有悖常理是招致祸乱的根源，顺乎常理是国家安定的关键。

【原文】

道、德、仁、义、礼，五者一体也。道者人之所蹈[1]，德者人之所得，仁者人之所亲，义者人之所宜，礼者人之所体，不可无一焉。故夙兴夜寐[2]，礼之制也；讨贼报仇，义之决也[3]；恻隐之心，仁之发也；得己得人，德之路也；使人均平，不失其所，道之化也。

【注释】

〔1〕蹈：履行，遵循。

〔2〕夙兴夜寐：早起晚睡。本篇指一天的活动。

〔3〕决：决断。

【译文】

道、德、仁、义、礼，是五者相互联系的一个整体。道是人们所应遵从的，德是人们从道中所得到的，仁是人们所亲近的，义是人们所应做的，礼是人们的行为规范。这五者缺一不可。因此，起居有节的举止行为，是礼的约束；讨贼报仇，是义的决断；怜悯之心，是仁的萌发；修己安人，是德的途径；使人均平，各得其所，是道的教化。

【原文】

出君下臣名曰命，施于竹帛名曰令[1]，奉而行之名曰政。夫命失[2]，则令不行。令不行，则政不正。政不正，则道不通[3]。道不通，则邪臣胜。邪臣胜，则主威伤。

【注释】

〔1〕竹帛：竹，竹简；帛，白绢。

〔2〕失：失误。

〔3〕道：治国的道理、法则。

【译文】

君主口头发出意旨叫“命”，书写在竹帛上叫“令”，执行命令叫“政”。君主的意旨有误，命令就不能实行。命令不推行，政务便出现偏差。政务有偏差，治国之道便不能通畅。道不通畅，奸邪之臣便会得势。奸邪之臣得势，君主的威信就要受到损害。

【原文】

千里迎贤其路远，致不肖其路近[1]。是以明王舍近而取远，故能全功尚贤，而下尽力。

【注释】

〔1〕不肖：不贤。

【译文】

聘请贤人，要去千里之外去迎接，而不顾路途的遥远；招引不肖之徒，是十分方便的。因此，英明的君主总是舍弃身边的不肖之徒，不远千里寻求贤人，所以，能够保全功业，尊崇贤人，臣下也能尽心竭力。

【原文】

废一善则众善衰，赏一恶则众恶归。善者得其祐，恶者受其诛，则国安而众善至。

众疑无定国，众惑无治民。疑定惑还，国乃可安。

一令逆则百令失，一恶施则百恶结。故善施于顺民，恶加于凶民，则令行而无怨。使怨治怨[1]，是谓逆天；使仇治仇[2]，其祸不救。治民使平，致平以清，则民得其所，而天下宁。

【注释】

〔1〕使怨治怨：用使民众怨恨的政令去治理怀有怨气的民众。

〔2〕使仇治仇：用使民众仇恨的政令去治理怀有仇恨的民众。

战国晚期·秦·青铜铍　出土于秦始皇陵兵马俑一号坑。铍首长35．45厘米，茎长11.6厘米，出土时木柄已残。铍身刻有“十五年寺工工”等铭文，茎上刻有“十六”等字。

【译文】

废弃一个贤人，其余的贤人便会引退了；奖赏一个恶人，其余的恶人便会蜂拥而至。贤人得到保护，恶人受到惩罚，国家就会安定，贤才也会归附。

民众都对政令怀有疑虑，国家就不会得到安定；民众都对政令困惑不解，社会就不会得到治理。疑虑消失，人心安定，国家才会安宁。

一项政令违背民意，其他政令也就无法推行；一项恶政得到实施，就会造成许多恶果。所以，对顺民要实施仁政，对刁民要严加惩治，那么政令就会畅通无阻，人无怨言了。用民众所怨恨的政令去治理怀有怨气的民众，叫做违背天道；以民众所仇恨的政令去治理怀有仇恨的民众，灾祸将无法挽救。治理民众要使百姓顺服，要使百姓顺服，就须保证政治清明。这样，民众就会各得其所，天下也就安宁了。

【原文】

犯上者尊，贪鄙者富，虽有圣王[1]，不能致其治。犯上者诛，贪鄙者拘，则化行而众恶消[2]。

【注释】

〔1〕圣王：《直解》、《汇解》作“圣主”。

〔2〕化行：推行教化。

【译文】

忤逆的人反而得就高官，贪鄙的人反而十分富有，虽有圣明的君王，也无法将国家治理好。犯上的受到惩处，贪鄙的受到拘禁，这样教化才能得到推行，各种邪恶也就自然销匿。

【原文】

清白之士，不可以爵禄得[1]；节义之士，不可以威刑胁。故明君求贤，必观其所以而致焉。致清白之士，修其礼；致节义之士，修其道。而后士可致，而名可保。

夫圣人君子，明盛衰之源，通成败之端，审治乱之机，知去就之节。虽穷不处亡国之位，虽贫不食乱邦之禄。潜名抱道者[2]，时至而动，则极人臣之位。德合于己，则建殊绝之功。故其道高，而名扬于后世。

【注释】

〔1〕禄：《直解》、《汇解》作“粟”。

〔2〕潜名：隐姓埋名。

【译文】

品德高尚的人，是不能用高官厚禄来收买的；有正义气节的人，是无法用威刑胁迫的。所以圣明的君主征求贤人，必须根据他们的志趣来征求。罗致品德高尚的人，要讲究礼节；罗致崇尚节操的人，要依靠道义。这样，贤士便可以聘到，君主的英名也可以保全了。

圣人君子德才兼备，能够明察兴衰的根由，通晓成败的端倪，洞悉治乱的关键，也就深知入仕和隐居的节度。虽然穷困，也不会贪图将亡之国的高位；虽然贫苦，也不会苟取衰乱之邦的厚禄。隐姓埋名、胸怀经邦治国之道的人，时机到来后一旦行动，便可以位极人臣。君主的志向一旦与自己相投，便可以建立绝世的功勋，所以，他们因品德高尚，志向高远而流芳千古。

【原文】

圣王之用兵，非乐之也，将以诛暴讨乱也。夫以义诛不义，若决江河而溉爝火[1]，临不测而挤欲堕[2]，其克必矣。所以优游恬淡而不进者，重伤人物也。夫兵者，不祥之器，天道恶之。不得已而用之，是天道也。夫人之在道，若鱼之在水，得水而生，失水而死。故君子者，常畏惧而不敢失道。

【注释】

〔1〕溉：灌。爝火：小火炬的火，比喻火光非常小。

〔2〕堕：《直解》、《汇解》作“坠”。

【译文】

圣明的君主进行战争，并非因为喜好，而是用以诛灭残暴，讨伐叛乱。用正义讨伐不义，就像决开江河之水去浇灭小小的荧火一样，就像在无底的深渊旁边去推下一个摇摇欲坠的人一样，其胜利是必然的。圣明的君主之所以不愿攻伐，是不愿造成人员和物质损耗。战争是不祥之物，天道是厌恶战争的。只有在迫不得已时进行战争，才是顺乎天道的。人和天道的关系，就像鱼与水一样。鱼得到水便可以生存，失去水肯定要死亡。所以，君子们常常是心存敬畏，一刻也不敢背离天道。

【原文】

豪杰秉职[1]，国威乃弱。杀生在豪杰，国势乃竭。豪杰低首，国乃可久。杀生在君，国乃可安。四民用虚，国乃无储。四民用足，国乃安乐。

贤臣内，则邪臣外。邪臣内，则贤臣毙。内外失宜，祸乱传世。

大臣疑主[2]，众奸集聚。臣当君尊，上下乃昏。君当臣处，上下失序。

伤贤者殃及三世，蔽贤者身受其害，嫉贤者其名不全，进贤者福流子孙。故君子急于进贤而美名彰焉。

利一害百，民去城郭。利一害万，国乃思散。去一利百，人乃慕泽。去一利万，政乃不乱。

【注释】

〔1〕豪杰：这里指专权、把持朝政的大臣。

〔2〕疑：通“拟”。大臣自比君主。

【译文】

豪强权臣把持国政，国君的威望就会受到削弱。生杀大权操于其手，国君的权势也就会消失殆尽。专权跋扈之臣俯首从命，国家才能长久。生杀之权操于国君，国家才能安定。百姓穷困，国家就会空虚。百姓富足，国家才会安乐。

贤良的大臣被任用，奸臣就会被排斥在外。奸臣被重用，贤臣就会被置于死地。亲疏不当，祸乱就会延及后世了。

商·卷云纹青铜匕首　匕首是指短剑或狭长的短刀。早在石器时代就有石匕首，商周以后出现青铜匕首，后来又有钢铁匕首。有的匕首为了增加刺杀效能，还在匕首尖端部用毒药淬之，刺中人身即可致死。《史记》中记载的曹沫执匕首劫持齐桓公，《战国策·燕策三》中记载的“图穷匕首见”的故事，都说明了匕首的独特优势。

大臣自比君主，众奸就会乘机聚集。人臣享有君主那样的尊贵，君臣名分就会昏昧不明。君主沦为臣子那样的地位，上下秩序就会颠倒混乱。

迫害贤良的人，祸患会殃及子孙三代。埋没贤良之人的，自身就会遭到报应。妒忌贤良之人的，声名就不会保全。举荐贤人的，子孙后代都会受惠于他的善行。所以君子总是热心于推荐贤人，因而美名得以传扬。

对一个人有好处，对一百个人有害处，民众就会离开城邑。对一个人有好处，对一万个人有害处，全国就会人心涣散。除掉一个人而有利于一百个人，人们就会仰慕他的恩泽。除掉一个人而有利于一万个人，国家就不会发生混乱了。